A COMPLAINT
IS A GIFT

投诉是礼物

如何赢得客户的
满意和忠诚

How to Learn from
Critical Feedback and
Recover Customer Loyalty

［美］贾内尔·巴洛
(Janelle Barlow)
著

赵晓曦
译

中国原子能出版社　中国科学技术出版社
·北 京·

A COMPLAINT IS A GIFT: HOW TO LEARN FROM CRITICAL FEEDBACK AND RECOVER CUSTOMER LOYALTY by Janelle Barlow, ISBN: 978-1-5230-0293-1
Copyright © 2022 by Janelle Barlow
Copyright licensed by Berrett-Koehler Publishers arranged with Andrew Nurnberg Associates International Limited
Simplified Chinese translation copyright © 2024 by China Science and Technology Press Co., Ltd. and China Atomic Energy Publishing & Media Company Limited.
All rights reserved.
北京市版权局著作权合同登记　图字：01-2023-1591。

图书在版编目（CIP）数据

投诉是礼物：如何赢得客户的满意和忠诚 /（美）贾内尔·巴洛（Janelle Barlow）著；赵晓曦译 . — 北京：中国原子能出版社：中国科学技术出版社，2024.1

书名原文：A Complaint Is a Gift: How to Learn from Critical Feedback and Recover Customer Loyalty

ISBN 978-7-5221-2932-7

Ⅰ . ①投… Ⅱ . ①贾… ②赵… Ⅲ . ①企业管理—销售管理 Ⅳ . ① F274

中国国家版本馆 CIP 数据核字（2023）第 161600 号

策划编辑	何英娇	执行策划	王碧玉
责任编辑	付　凯	文字编辑	高雪静
封面设计	东合社·安宁	版式设计	蚂蚁设计
责任校对	冯莲凤　吕传新	责任印制	赵　明　李晓霖

出　　版	中国原子能出版社　中国科学技术出版社
发　　行	中国原子能出版社　中国科学技术出版社有限公司发行部
地　　址	北京市海淀区中关村南大街 16 号
邮　　编	100081
发行电话	010-62173865
传　　真	010-62173081
网　　址	http://www.cspbooks.com.cn

开　　本	880mm×1230mm　1/32
字　　数	160 千字
印　　张	8.625
版　　次	2024 年 1 月第 1 版
印　　次	2024 年 1 月第 1 次印刷
印　　刷	北京华联印刷有限公司
书　　号	ISBN 978-7-5221-2932-7
定　　价	59.00 元

前　言

　　今天的客户在交易活动中处于主导地位。他们掌握着大量的信息与技术，因而能够轻而易举地从一个虚拟零售商转到另一个，把一个本地供应商更换成其他的全球在线供应商，又或是将某个服务提供者换成另一个可能在同一社区内运营的服务方。如果他们不喜欢零售商、供应商或是服务提供者对待他们的方式，他们就可以通过网络向数以万计的网友传达自己的经历。

　　此外，当他们感到不满并更换商家的时候，也不必告诉你原因。但好消息是：如果客户表达了自己的不满，哪怕他们只是告诉了企业中的一个人，或者是在网络上投诉了，那你就有了一个直接的途径去留住他们。这同时也为你提供了一种获取信息的方法，让你可以借此改进企业的经营现状，而这是一份礼物。

　　什么是投诉？投诉表达的是客户未被满足的期望。我们会在本书中多次使用这个定义，虽然有时方式会略有不同，但它描述的始终是一个牢骚满腹的客户形象。客户的不满程度因人而异，所以我们也很难给出一个通用的解决方案，能让所有带着怨气过来投诉的客户都能满意而归。

有些投诉不是什么大事（"你们的接待人员不够友好"），而另一些是以问题的形式提出的（"为什么你们晚间不营业"）。有些投诉非常个人化（"我不喜欢这块牛排的味道"或者"我不喜欢服务员对我笑的样子"），有些投诉是关于服务速度的（"我没有按时收到我的包裹"）。许多投诉都与价格有关（"别家大卖场或是其他供应商那里的价格更便宜"）。无论投诉是大是小或意义如何，它们都是礼物。在处理海量种类的投诉时，我们都必须报之以尊重、智慧、友好、透明、迅速以及共情的态度。而这并不总是件容易的事。

有关投诉的最有说服力的一个事实就是：如果服务代表能积极受理投诉意见，那么客户是可以容错的。解决问题当然是必要的，但在这个过程中，你得动用一点儿情商，这样才有可能把客户拉回来并且让他们对你大加赞赏。可是，如果你只顾着解决问题，丝毫不考虑与对方之间的人际联结，那你就有可能永久性地失去这个客户，或者至少也没法与他们展开充分的合作。这需要建立一种思维模式，该模式的建成与否取决于你和你的团队能否将投诉视为一份礼物。

上述事实意味着你的客服代表（customer service representatives, CSRs）得知道要如何以接受礼物的心态来应对投诉。要做到这一点，有好几百种方法。我与维多利亚·霍尔茨（Victoria Holtz）合著了《投诉是礼物实践手册》（*A Complaint*

Is a Gift Workbook）一书，书中以理论和实践相结合的形式汇编了 101 项投诉处理活动。可以单独使用这本书，也可以请培训团队来组织学习书中的内容，或者由管理人员来推动客服代表的实践活动。如果你的客服代表体验过书中的活动，那么他们处理投诉的能力无疑会有很大的提升。

针对不满所进行的沟通是客户与企业之间最为关键的交流之一。这种沟通给组织提供了一个机会，让它们能够从市场上获取想法并付诸实施。有了这种沟通，我们就有机会去解决客户发现的问题。它同时也预示着客户能否按时获取被承诺过的商品或服务。客户的感受是很重要的，我们必须把这点考虑在内。

你能否真正给客户提供他们想要的东西，这很重要，但在通常情况下，要完全满足客户的需求是不现实也是不可能的。事实上，你会发现，如何处理客户的投诉可能与解决他们的问题同等重要。如果投诉处理得好，客户离开的时候就会感到被倾听和被照顾了，继而更有可能会继续选择你的商品或服务。此外，在情感上得到满足的客户无疑也会把你推荐给其他的人。

投诉是礼物。这种思维模式，以及如何将其传递开来，正是我们要在这本书中所探讨的内容。

目　录

绪论

投诉：一种留住客户的方式

客户总有理由不满意。这是商业以及生活的本质。如果客户在离开的时候明明带着怒气或失望，却什么也没有说，那就说明你已经错失良机，既不能修复失能的经营策略，也不能让客户感到满意，更无法让他们追随你的品牌。客户的流失会伤害你的底线、挫败你的士气，并损坏你的声誉。而这一切正是你的竞争对手们所喜闻乐见的。

2020 年的《全美消费者愤怒研究报告》（ *National Customer Rage Study* ）指出：在 2019 年，有超过 2/3 的家庭经历了负面的产品或服务购买体验并因此进行过投诉。而在投诉过程中，有 58% 的人表示自己的需求完全没有得到满足或是只得到了有限的一点满足，而有 65% 的人在投诉结束后仍充满了强烈的愤怒和沮丧。

▇▇ 顾客在表达，并期待我们能够倾听

普华永道公司在 2018 年所做的一份调查报告告诉我们：有 32% 的客户会抛弃品牌——这里所说的品牌不仅是为客户

所熟知的品牌，甚至还包括他们所钟爱的品牌。只要想想企业花了多少营销资金、人员努力及等待时间去创造品牌忠诚度，我们就有理由鼓励企业去分析一下原因：当服务或产品出现问题时，它们努力留住客户的种种尝试为何没有奏效。根据普华永道公司对美国客户的调查数据，只消两三次的负面体验，客户们就会抛弃一个品牌，而这还是针对那59%的品牌"死忠粉"所得出的结论。

企业的哪些举动会导致糟糕的投诉处理体验呢？有些时候就只是跟进不力而已，就这么简单。不能及时跟进会影响买卖双方间的信任，而信任的缺失又会影响客户的忠诚度。2021年的《爱德曼信任度晴雨表》（*Edelman Trust Barometer*）给出了一份万众期待的排名，该排名指出，在所有的全球性机构当中，最为可信的就是企业。这份排名也因此催生出了一种责任：公众期望企业能将信任放在首位。以庞大且多样的餐饮行业为例，根据爱德曼公司（Edelman）的说法，通过执行本书中所推荐的一些步骤，我们可以"修复"该行业中的信任缺口。

爱德曼公司的建议包括：认真审视你看待客户及运营工作的立场，在每一个步骤中给员工赋权，以事实为先导，以同理心行事。这么做是否确有必要，并且确实能够影响投诉的处理呢？答案毋庸置疑，因为受信任程度高的餐饮企业的表现要优于其竞争对手。尽管这很复杂，但信任有助于加深企业与客户之间的关系，受信任程度体现着企业的可靠程度。

商业活动中的诚实与信任是一种什么样的无形资产呢？对客户而言，它代表组织会承认自己的过失并接受其后果。承认过失并不是什么大不了的事，毕竟，客户可以接受企业也会犯错。许多客户自己就是生意人，他们也知道犯错的滋味。当企业能够坦诚地讨论客户投诉的时候，信任就会应运而生，企业也能借此巩固业已壮大的品牌。客户希望听到的是："是我们的错。我们很抱歉。"如果以这样的基础进行交流，信任便可存在与发展。倘若一家企业能为自身的错误担责，它就可以孕育出值得信赖的品质。在当代经济中，企业的大部分价值都是通过其无形资产得以实现的，而信任就是这些无形资产中举足轻重的一个，这也是营销专家们一直在强调的问题。一旦客户不再相信企业会信守承诺，他们的忠诚度就会下降。

■■ "投诉是礼物"的思维模式

思维模式会影响员工和客户的行为方式。本书要重点讨论的思维模式是：投诉从根本上来说是一种礼物。企业如果能妥善处理好投诉，就有可能形成一种机制，进而使组织具备敏捷（快速响应所需解决的问题）、可靠（承认所犯的错误）以及有同理心（表达对客户的关怀）三种特质。

对所有组织而言，现在是将投诉处理作为重要战略工具的时候了，因为组织可以从中获悉有关其产品或服务的信息。与其把投诉看作一种困扰、一种支出，或者是一种要与企图不劳而获的某个人纠缠不休的烦心事，不如将其视为一份营销资产。

管理和处理客户投诉是组织在销售之外与客户进行沟通的主要及最直接的手段之一。毕竟，如果不是有问题，有多少客户会愿意拿起电话跟你聊天呢？事实上，你甚至不得不"贿赂"客户，他们才肯帮你填一份调查表。但是，在问题确实发生了的时候，他们愿意和你直接对谈的可能性会稍高一些。正因如此，组织成员才需要建立起"投诉是礼物"的正确思维模式，做出有效的反应。

如果企业在投诉管理和处理方面有了提升，并开始将投诉视为礼物，它们的客户沟通渠道就会变得更有竞争力。本书的目标便是向你展示：对客户投诉看法的战略性转变，可以成为企业改善服务和运营并且留住客户的重要一步。

希望我已经把这一点讲明白了。投诉可以帮助推动你与客户朝着某个方向展开互动。每一本有关服务与质量的管理类书籍都会重申彼得·德鲁克（Peter Drucker）在 1951 年所发出的警示："企业的目的只有一个——创造客户。"而德鲁克的警示却时常被人抛诸脑后。

许多企业管理者把"为客户服务"的信条说得好似一门艺术，但在实际操作中却认为向员工发号施令就是他们要做的一切。很多高管不明白，仅仅告知员工要怎么行事还不足够。"我们已经告诉过他们了！"他们如此感叹道，就好像只要告诉员工"你得改变"就够了似的。员工被迫处于某个运作不良的系统之中，无法获得赋权，还会持续阻碍客户获取积极的投诉解决方案的进程。如果企业真的有兴趣发展以客户为中心的文化，提升客户关怀，并提供卓越的客户服务，那么当客户来投诉时，如何对待他们就是问题的核心。而这意味着企业要创造一种有助于客服代表成长的发展环境。

▉ 当今客户投诉的一些现实情况

2017 年，即刻科技（Right Now Technologies）公司在其《客户影响报告》（Customer Impact Report）中称：能否提供优质的服务，仍然是影响客户要在哪里下单的一个巨大的差异化因素。该报告还显示：有越来越多的人说，如果他们在某处消费时经历过一次糟糕的体验，他们就不会再去了。再加上今天的产品相比几年前已经变得越来越复杂了，所以如今的客户也会比之前要经历更多的变数，整个消费过程自然也会很容易出问题。

我们从 2020 年《全美消费者愤怒研究报告》中可以看到：一旦客户因为企业的无效关怀而开始投诉，企业因此而流失的客户就将比留住的更多。正如报告所言："'组织'做的所有事情都无懈可击，但实际执行过程却很糟糕。此外，企业管理者在投诉处理部门上所追加的投资显然也没能跟上客户的期望。"他们没能在全公司范围内建立起一种"投诉是礼物"的基本思维模式，其结果就是他们只能对着企业的"投诉处理准则"来照本宣科，并妄图能令客户感到满意。而这在大多数情况下是行不通的。

高管们在下属们的甜言蜜语的哄骗下相信：你得先在投诉处理项目上投入资源，才算是将"以客户为中心"视为了一条重要的商业概念。为了改善服务质量，他们已经投入了大量的资金，然而 2020 年《全美消费者愤怒研究报告》却告诉我们，这些投入并未带来多大影响。简而言之，这些投入只是使冲突升级了，并没有让客户感到更加满意。商业领袖们认为：只要发布指令，为员工提供投诉处理培训，并教他们按照固有的话术去回应就够了。他们没有看到的是，思维模式才是亟须改变的东西，要让员工们相信"投诉是礼物"。

好消息是，企业不必将这些花在投诉处理项目上的资金撤出，或是用其他方案来取而代之。你可能要依据组织的规模来升级一下计算机应用程序。无论你用何种方式来跟进投诉，组织内部成员都要知道客户不满的原因。他们要学习什么样的回应方式才是最好的，如何能在直面投诉的同时又不压垮自己，接着还要利用这些机会来加深与客户之间的关系。他们得明白企业在此时也应持有相同的立场。假如企业只将投诉处理工作视为一份"做与不做"的任务清单，那么当你看到员工在一线与叫苦不迭的客户反复周旋时，你可能也感受不到这会给企业带来无形的资产增值。

本书将解决的问题是：为什么企业及其直接面向客户的员工难以接受"投诉是礼物"这一前提？据此应如何采取行动？如果要将投诉视为一种有力的工具，我们必须在行为、态度以及思维模式上都做出重大转变。好消息是，现有差距之大，使得几乎所有组织都有机会在投诉处理工作上实现巨大的改进。这包括负责解决客户所遭遇的问题，让他们能满意地离开并感到组织值得信赖。如果企业不能为投诉产生时的客户满意度以及更高的客户流失率负责，那么客户对组织的信任水平就会下降。这也不利于客户留存。

有关投诉处理的五大误区

《盖洛普民意调查》（*Gallup Poll*）显示：62% 的客户并未充分实现与品牌的互动，因为品牌没能始终如一地兑现其承诺。据我观察，许多企业都身陷我所说的"有关投诉处理的五大误区"，无法做到充分地兑现其品牌承诺——这也是许多投诉产生的原因。这些谬论使人一叶障目，看不到要改善投诉处理的话，真正需要改变的是什么。

由于投诉处理工作往往是令人不悦的，所以许多商业领袖都会相信以下的五大误区。但正因如此，人们也无法直面这一事实——投诉处理工作是复杂的，除非你完全理解了"投诉是礼物"这一前提，否则一切都不会有所改善。当然，实际存在的误区并不是只有以下五个，但这五个误区就是本书所要讨论的重点。如果组织中的每个人都能学会如何面对投诉处理的现实挑战，那么我们在收到投诉这份礼物时也都能更好地应对。

·误区 1：人们天生就知道怎么处理投诉

处理投诉的第一个误区是：人们天生就知道怎么处理投诉。毕竟，人们一生都在接收负面反馈。

现实情况是，大多数人在收到反馈或投诉时，都必须检查一下自己的自然反应。当我们意识到自己被攻击时，大部分人会倾向于反击，或是因为觉得受伤而走开，尤其是当这种攻击是以指责的方式展开时。要有效地处理投诉，我们就必须对抗自己的本能倾向，并且看到：投诉所提供的信息是可以帮助我们的，客户是在给我们一个机会来满足他们的需求。要做到这一点，就得从"礼物公式"（Gift Formula）开始，我们在听到投诉意见时首先给出一声掷地有声的"谢谢"。这会创造一个自然的沟通链条，让我们能友好地与不满的客户展开合作。

· 误区 2：公司应设定目标以减少投诉数量

处理投诉的第二个误区是认为公司应该设定目标以减少投诉数量。

现实情况是，员工会采取行动，隐瞒他们所听到的坏消息。他们会总结出：组织并不想从投诉中听到坏消息，所以，设定目标来减少投诉只会鼓励员工确保公司收到更少的客户反馈。我访问过一些组织，它们承认自己甚至会为了减少投诉而发放奖金。一位管理者告诉我，自从他所在的公司开始为此而支付奖金之后，产品故障不报的现象反而增多了。他说公司为"减少投诉"付出了巨大的代价，员工不仅会将自己听到的实情瞒下不报，还会给客户的投诉过程增加难度。

投诉处理者有十几种方法可以达到这一目的，但当这种情况发生时，无论公司对投诉保持怎样的态度，客户都无疑会带着更多的不满离开。

大部分组织都期望能够消除或者至少是减少投诉的数量。然而，投诉是客户告诉企业要如何改进的最直接、最有效的方式之一。如前所述，在竞争激烈的市场经济环境下，如果企业不能真的落实这些改进建议，那么相当可观的一部分客户会转投其他品牌。

· 误区 3：只要为客户提供他们想要的东西，他们就会满意

处理投诉的第三个误区是，认为只要为客户提供他们想要的东西，他们就会满意。

现实情况是，当客户开始投诉时，就算为他们提供了他们想要的东西，也无法确保他们会满意，因为投诉中包含着很大的情感成分。我们可以实实在在地为客户提供他们想要的东西，但是倘若情绪问题没有得到解决，他们仍然可能带着怒气离开。优秀的投诉处理者会使用多种心理学的方法与技巧，使客户在投诉后感到满意。

· 误区 4：投诉处理与销售无关

处理投诉的第四个误区是，认为投诉的处理与销售无关。

现实情况是，销售与投诉在多个方面都有关联。处理投诉与销售一样，都是十分艰巨的任务。好的投诉处理者实际上就是你组织内部的销售人员，因为他们能给你带来回头客。销售人员需要知道如何处理反对意见，而在某种程度上，投诉就是一种反对意见。投诉处理者为组织创造了无形的后续价值。一旦投诉被妥善处理了，追加销售就会变得相当容易。

· 误区 5：投诉意味着企业的工作质量不高

处理投诉的最后一个误区是：投诉意味着企业的工作质量不高。

现实情况是，企业总会有些让客户感到不满意的地方。如果你能通过这本书学到什么东西，那就是"零投诉不应成为你的目标"。如果我们听不到不满的声音，产品或服务的质量就会因此而遭殃，因为那就代表我们已经没有办法改变什么来提升我们的工作质量了。有投诉，代表客户还愿意与企业公开对话，并且给企业一个机会来保住这单生意。在投诉中，我们会听到一些本来听不到的信息，并能利用这些信息来提升企业的产品或服务质量。至少，客户愿意向我们抱怨，而不是向世界上的其他人吐槽。而这恰恰就是礼物啊！

本书的适用对象

本书首先针对需要直接与客户打交道，或是负责留住客户的管理人员。客服经理、销售经理及质量经理也会发现这些信息颇有裨益，因为过往的客户服务项目中甚少涉及此类主题，而这里的学习有助于补足这部分缺漏。指导相关项目的培训师或顾问可将本书当成额外资源来使用。鉴于这一主题的价值性，在进行领导力项目培训时也可以考虑将这部分内容纳入其中。而本书所提及的许多材料都十分稀缺，所以对培训师或顾问来说也是不错的素材。

书中的观点也与你的个人家庭关系相关。即便是相知相爱的人之间也会产生分歧，而且，人们并不喜欢别人把这种不满反馈给自己。在商业活动中，我们将这种反馈称为"投诉"，其实这种"投诉"也会出现在我们的个人生活里，它们或许表现为抱怨，或许表现为争吵。如果你能更好地处理客户投诉，那么你也可以在个人生活中采用相同的思维模式——反之亦然。

本书的编排方式

《投诉是礼物》共分为十一个章节。第一章深入讨论了何为真正的投诉。第二章着眼于我们该如何阻止客户投诉。第三章探讨了支持"投诉是礼物"的五个有力原因。是的，大部分人最终会看到将投诉视为礼物的价值，但是当他们与前来投诉的客户面对面时，这些投诉看起来可能是任何东西，但就是不像一份礼物。而这也正是思维模式和组织支持要起作用的地方。

第四章重点讨论了如何处理你收到的投诉。你会发现一个"礼物公式"，它能让你的语言、与他人的互动以及行动都与"投诉是礼物"的思维模式保持一致。我将本书1996年及2008年的两个版本中的八个步骤换成了此版本中更容易记忆的三个步骤。其关键要素都在，但是简化公式不仅能让你更好地应对投诉，也能让你在处理投诉时更便捷地用上整个公式。在第五章中，你还将学到如何运用"礼物公式"使其发挥最大的力量——也就是如何将"礼物公式"的效用最大化。

第六章探讨的是隐性投诉及口碑传播。第七章阐述的是如何有效地与怒气冲冲且咄咄逼人的客户进行互动。在当今世界，愤怒的客户并不少见！当客户来投诉的时候，倾听他们的声音是了解其需求最好的方法之一。第八章提供了一些技巧，来帮助客服代表们培养坚忍不拔的心理素质，这样一来，当客户的投诉方式较为强烈的时候，他们就不会因此而被打垮。通过这种锻炼，客服代表们也可以更好地应对那些必要且有挑战性的工作，特别是在他们需要应对咄咄逼人的客户时。

在第九章和第十章中，你会看到组织能对网络客户投诉做何反应。本章主要是写给那些希望能尽可能多地得到客户反馈的商业领袖们看的。然而，让所有员工都了解一下本公司的传言也不是什么坏主意。对于网络客户投诉，企业也并非完全无能为力。在网络上投诉是40多年前就有的事，但直到1995年起，才有大批人开始使用互联网。而在过去的仅仅十年间，网络客户投诉就从曾经的窃窃私语演变成了可迅速蔓延至全球的大型风浪，它所引发的后坐力则可以永久地持续下去。关于网络客户投诉的研究有可能改变游戏规则，这会使我们在回答那些我经常被问到的问题时更加自信满满。在第十一章中，我们将探讨如何将"投诉是礼物"的思维模式应用于你的个人生活中。是的，哪怕只是在家里抱怨，也可以是礼物。结论部分着眼于个人、领导者及企业可展开的下一步行动。

我们会在每一章中给出一个核心信息列表来总结本章的要点，每章末尾还会有一组有关投诉的讨论提示。你可以把它们用在员工会议当中，以此来促进大家对客户投诉的讨论与理解，也可以把它们作为持续培训工作的一部分，以此来改善组织的投诉处理工作。

上述主题中有几个在本书 1996 年及 2008 年的版本中已有涉及。这一版的内容有大量更新，其中很多案例及研究均为新增的内容。

▰▰ 本书援引的案例及研究

本书援引的案例均为真实案例。有几个案例曾在本书的前两个版本中重复使用过。其中有些案例非常好，所以我忍不住将它们又写进了这一版中。但我尝试着在我引用的少数重复案例和研究中提炼出了不同的新观点。

如果案例中的细节存在谬误，我在此提前致歉。在提及负面体验时，我会隐去所涉公司的名称，除非该公司已不复存在，或者相关投诉内容已经进入公共记录领域。我在处理这件事的时候是很谨慎的，因为每家公司都可能会时不时地搞砸一些事情。只要看了一个案例，你就很容易得出这样的结论：某家公司所提供的服务很差，或者产品质量很差。事实上，有些客户会因为某个与他素不相识、也不必确信的陌生客户所报告的一个失误就放弃一单交易并永不回头。而这恰恰就是口碑传播的威力所在。

最后，本书包含了大量的总结性研究数据。你很快就会了解到，有关投诉的文献都是大同小异的。所有的研究都剑指同一个方向：不满的客户一般不会去投诉，因为就算投诉了，往往也收效甚微，自己的需求根本受不到重视。鉴于本书所引用的一些研究数据是几年前的，我已经收到了这样的反馈："你为什么不引用最新的研究数据？"因为我所引用的一些 20 世纪 70 年代或 80 年代的研究数据已经受到了学界的广泛认可，其结论足够权威，无须反复论证。大量学者和商业博主仍在不断重复引用同样的原始研究数据，并将其视为真理。也许它算不上真理，但结论依然是可用的。

许多学者及博士在读生在论文写作中只是局限于与投诉处理相关的主题，但忽略了首先应该去判断其研究所依托的原始研究数据是否仍然有效。

长期以来，我一直在努力寻找最新的研究数据，例如，有多少比例的客户会向真正能解决他们问题的人进行投诉。这是个大问题，但目前的研究数据尚且无法与早期调查比肩。已经有人做过一些研究，但因为研究条件严重受限，所以也很难据此得出一般性的结论。如果你认为相关研究结果已经过时，或有任何疑问（或是申诉），都可以给我发电子邮件，也许到那时候，我们就会发现我们一直找寻的那些研究结果了。

第一章

投诉是什么

　　投诉是客户送给企业的礼物。正因为它是礼物，所以我们在处理投诉意见的时候务必要小心翼翼，来检视这件包裹当中到底装了些什么。首要的一步是，要对客户的投诉表示感谢，这很重要，但很少有人真的这么做了。倘若错失了这一步，企业将永远不会知道客户为何对自己的产品或服务失望，也永远没有机会去修复这份损失。然而，我们首先要明确的是：何为投诉？正如本书的标题所言——投诉是礼物。

　　在这里我要提醒诸位一句：你如何看待投诉，决定了你在收到投诉时会做何反应。所以，我们就用最直截了当的方式来描述这一系列复杂的客户活动——投诉所表达的，就是未被满足的期望。

▄▆ 投诉中蕴含着复杂的机遇

　　许多因素都会导致应对投诉这件事变得很复杂，甚至棘手。因素之一就是，很少有人能耐住性子，不管客户投诉的内容是什么，都礼貌且耐心地与他们打交道。一旦这份坚忍与毅力耗尽，员工在处理投诉意见的时候就很容易感到倦怠。而倦怠又会导致他们明明想要帮助客户，却又无法共情对方。这部分我们会在第八章中进行深入讨论。

还有一个因素也会增加这种复杂性——客服代表可能处在企业的各个不同部门当中。有些企业把他们叫作"服务技师"，另一些企业会管他们叫"服务代表"。关于怎么做才叫"有效处理了投诉意见或者提供了服务援助"，每个部门的看法都不尽相同。大型计算机企业认为客服中心的员工主要是处理计算机技术方面的问题，但重要的是，他们其实也要处理客户投诉。其他企业会安排零售服务人员、卫生保健人员、换货人员、行政人员以及销售人员来兼任投诉处理工作。但是，很少有企业会设置专门的岗位，只负责受理客户的投诉意见。

也许我们应该改称投诉处理者为"问题解决者"，因为解决问题就是他们的主要工作。这也可以避免一种想法，让他们不要觉得自己只是成天在与满腹牢骚的客户打交道。《韦氏词典》（*Merriam-Webster Thesaurus*）中给出了50多个有关"投诉者"的英文同义词，但其中没有一个是褒义的。比如：抱怨者、小题大做者、大惊小怪者、怨天尤人者、腹诽者、叫嚣者、横行霸道者、坏脾气者、找碴者、唠叨者、挑剔者等。我注意到，其中没有一个词将"投诉者"描述成了"礼物馈赠者"。或许我们有必要转变这种想法。

投诉会变得复杂，还有一个重要的原因——大部分客户在遇到问题的时候不会选择投诉。许多研究都证实了这一点，而导致这一点的原因是多种多样的。研究人员认为，首要原因就是：客户们认为"就算投诉了也不会改变什么"。而据客户反映，另一个普遍的原因是他们担心自己的投诉会招来一些不好的事情。就算是面对能处理他们问题的客服人员，客户们也有一大堆保持缄默的理由，可他们却会把问题讲给一起排队的人听，讲给家人、朋友以及任何愿意聆听的人，他们甚至会宁愿向公交车上的陌生人吐露心声。

投诉之所以复杂，其中最为重要的原因也许是：当产品或服务出问题的时候，也是客服代表能够与客户之间重建情感联系的机遇。解决问题是一回事，能带着同理心共情客户的问题则是另一回事。倘若客服代表能妥善地解决客户的困扰，他们甚至会比销售人员更容易实现销售目标。因为客户会觉得：他是来帮我解决问题的，而不是只想卖东西给我。所以，投诉处理者扮演着多重角色，他们要负责销售、处理投诉、维护公共关系、负责营销，还要负责客户留存，每一项工作都不容易。

▪️ 表面信息与深层信息

许多投诉看似只是流于表面的一些抱怨，但实际上当中可能潜藏着客户会离开的信息。这是一个复杂的机会。我们来看一些案例：

- 乍一看，购房者是在抱怨房地产商明明承诺了会按时交房，却多次延误。从根本上来说，这是购房者已经失望透顶，并且正在考虑要做点什么来取消购房合同。

- 乍一看，客户是在抱怨新买的深蓝色毛巾磨损或者褪色了，让一大堆衣服都被染了色。从根本上说，这是客户在给企业解释机会，好让他们能有理由继续从这里购买更多商品。

- 乍一看，客户只是在抱怨自己等了3个多小时才有人来帮他们设置新买的昂贵计算机。从根本上说，他们是在担心自己做出了一个愚蠢的购买决定。每当他们在未来的日子里需要技术支持的时候，这种恐惧都会挥之不去。

- 乍一看，客户只是毫不含糊地告诉了自己的保险代理人他们遇到了一点简单的问题，可当他们求助保险公司的时候，几天都没有得到电话回复。从根本上说，他们是在警告自己的代理人，等到他们的保单到期需要续约时，他们会去了解一下其他保险公司的情况。

- 乍一看，医疗保健患者是在抱怨自己得到的医疗建议反而让他们的健康状况更糟糕了。而提供其他意见的医生也同意这个观点。从根本上说，这是患者想知道自己因此所损失的时间、遭受的痛苦以及支出的费用是否能得到应有的赔偿。

你觉得大部分客服代表听到的是什么——是那个"乍一看"的表面信息，还是深层的根本信息？很遗憾，太多人只能捕捉到表面信息。只有当组织成员带着开放的思维模式、同理心以及灵活性去倾听客户的时候，他们才能听出客户试图表达的言外之意。

投诉中当然是包含"乍一看"的表面信息的。投诉中也包含客户的情感反应和其他深层信息，这部分通常很少被明确地表达出来，而只是表现为客户的愤怒之情。我的个人经验是：当投诉的内容是基于某些具体原因时（比如"这条裤子破了""裤子的接缝不够牢固"），客服代表会更倾向于认真倾听；而当投诉是以一种高度情绪化的方式在发泄愤怒时（比如"当这条裤子的接缝裂开时，那是我一生中最糟糕的时刻""我被大家看到这件事时候的反应吓坏了。我永远不会忘记发生了什么"），情况则是另一回事。我认为所有的投诉中都包含情感因素——即便有时它们被隐藏起来了——而且任何一种情感都有它存在的合理性（当然，除非客户是在蓄意欺诈）。

■ 客户希望他们的情感得到认可

投诉处理者需要接受这样一个现实：人在投诉的时候总是带着情绪的。这是阶段性的。在客户第一次来投诉的时候，我们很容易只把重点放在解决他们的问题上。而在此时，客户可能依然陷在沮丧的情绪之中，或者可能根本听不进去任何解决方案，就算是很好的方案也不例外。这么一来，客服代表可能也会感到沮丧，并想："天哪，他们难道看不出来我已经在替他们想办法了吗！"这时候，双方都会陷入情绪化的状态，而这只会让情况更糟。

多年来的研究表明，客户想要的不仅是解决问题。当然了，他们的确希望得到某种类型的解决方案，但是，他们未必期望自己的需求能被百分之百地满足。换句话说，你不用非得给他们一个完美的答案才能让他们继续与你合作。让客户对投诉处理的方式感到满意，比为他们更换破损的物品、给他们折扣或者为他们退款要更有价值。尽管客户不一定会承认这一点，但是满意度与客户的情绪有没有被认可，以及投诉的处理方式是否得当确实有很大关系。

本书中所引用的多项研究都强调了一个重要的观点：投诉处理与解决客户的问题有关。但是，如何在情感维度上处理投诉，才是影响客户忠诚度的最重要的因素。

我的一位商人朋友在几年前的经历就很好地证明了这一点，他对某个客户投诉的处理方式就稳固了他与这位客户之间的关系。这个客户在我朋友这里消费的额度达到了数百万美元——这在总销售额中占到了一个非常可观的比例——当时我的朋友正在美国拉斯维加斯（Las Vegas）参加贸易展，这位客户打来电话告诉他，他提供的某个产品出现了质量问题，而这个问题可能会使自己在墨西哥的整条生产线停工，并且造成每天数千美元的损失。客户要求我的朋友在次日上午10点前赶到位于墨西哥诺加莱斯（Nogales）的工厂，全然不考虑从拉斯维加斯到诺加莱斯有约500英里（约805千米）的距离。于是，我的朋友立刻租了一辆车，开到菲尼克斯（Phoenix），睡了一夜，第二天一早又继续驱车前往自己的居住地图森（Tucson），接着换上自己的车，穿过了墨西哥边境，终于在当天早上10点准时到达了目的地，与客户团队见上了面，并讨论了存在的问题。

了解过后，朋友发现这其实就是个简单的沟通问题，他们只花了 10 分钟左右就解决了。朋友告诉我，采购负责人在会议开始时说："我认为问题已经解决了，因为我们的供应商已经在处理了，以后也不会再出现同样的问题。"假如我朋友在拉斯维加斯的时候没有收到这个消息，很可能问题就会被移交给生产团队来处理，生产线就会因此而瘫痪，而大家也会为谁该"背锅"而争吵不休。然而，这个消息就像一份从天而降的礼物，它让我的朋友有机会及时且轻松地解决了问题。但话说回来，当时他毕竟还在贸易展上，其实这个问题本可以通个电话就解决掉，所以这到底算不算是份礼物呢？

对于这件事，我的朋友是这么总结的："尽管去诺加莱斯开会确实非常麻烦，但是采购主管在跟我沟通的时候已经明确表达出了他的担忧，所以当天我才会决定那样解决这件事。我提出了一个长期的解决方案，这个方案不仅能给当时那个客户带来好处，也可以让其他同类项目的客户因此而获得继发性的好处。"当我问他是否认为这个投诉算是份礼物时，他说："你最好相信这一点。经过这件事之后，我们和这家公司之间的关系更加紧密了。现在他们每年要从我们这里买走大约 2.8 亿个零部件，这当然是份大礼！"而这也同时让他意识到，自己不该把所有的鸡蛋都放在同一个篮子里。这又是一份额外的礼物！

在《哈佛商业评论》（*Harvard Business Review*）的一篇

文章中，克里斯托弗·哈特（Christopher Hart）、詹姆斯·赫斯克特（James Heskett）以及厄尔·萨瑟（Earl Sasser）给出了另一个强有力的案例，这个案例发生在 1990 年，但放在今天，它依旧是很有说服力的。地中海俱乐部（Club Med）❶ 的员工在遇到无可挽回的意外情况时，会选择亲自下场去照顾自己的客户。这里值得注意的一个要点是：如果要在复杂情况下从情绪层面解决客户的问题，你就不能指望那种脚本化的投诉解决方案。你得给知道如何处理情绪问题的员工赋权，这样才能发挥出意想不到的效力。

地中海俱乐部在墨西哥坎昆（Cancún）有一个度假村团队，这个团队出师不利，一开始就遭遇多次航班延误，导致整个度假比计划时间晚了 10 个小时才开始。度假村经理见状，立刻叫上了一半的员工，带着食物、饮料以及立体声音响赶往机场。他们热情地迎接这些疲惫又烦躁的客人，为他们播放欢快的音乐，帮他们拿行李，邀请他们吃点心，再驱车将大家送往度假村。到了度假村，他们又为客人准备好了宴席，还请了个墨西哥街头乐队（mariachi band）来给大家表演节目，提供的香槟酒也非常不错。已经入住的客人也受邀加入了这场聚会，大家尽情狂欢，直至凌晨。从客户的评价

---

❶ 地中海俱乐部是全球最大的旅游度假连锁集团之一。——编者注

中可以看出，虽然延误抵达造成的不悦没法修复，但几乎所有人都对这一事件持正面评价，大家都表示自己在此间留下了许多美好的回忆。可想而知，这种情感上的满足，是地中海俱乐部在网站上给客户们发放优惠券无法实现的。

要处理别人的情绪，你就得首先确保自己情绪稳定。在第八章中，我们会专门讨论有关心理承受力的问题。一旦你掌握了这一要领，能让双方都在投诉处理的过程中感觉良好，那么满足客户的需求就会变得容易许多。

■■ 投诉的情感层面

企业可以选择多种方法来吸引和留住客户，但对每个企业来说，这部分功课都是不能省略的。马萨诸塞州剑桥市战略规划研究所（Strategic Planning Institute in Cambridge）的研究表明：在提供客户服务时专注于关心他们的情感体验可以将客户的停留时间延长 50%，这反过来又会降低 20%~40% 的营销成本，并在最后带来 7%~17% 的更好的纯收益。这个百分比区间里涵盖了多种收入，把这些数字加起来，对企业来说会是一笔非常可观的财富。

要将情感价值融入服务体验，这是很重要的。尽管我们说，客户在提出投诉和客服在处理投诉的时候总是带着情绪的，但是，大部分有关投诉处理的文献中都没有明确地阐述过这一观点。正如我在《情感价值》（*Emotional Value*）一书中所强调的："情感价值指的是情感的经济价值。"这项工作中的挑战就在于要让服务人员认识到，他们工作内容的一部分就是要为自己的投诉处理过程增加这种类型的价值。

我们说要关注和理解客户的情绪，并不是指要去分析他们的心理，而是希望客服代表接受这种观念：当客户前来投诉的时候，代表着有些重要的事情正在发生。投诉处理者可能会认为太过易怒的举动会妨碍问题的解决，但在客户的角度上，情绪，哪怕是大喊大叫的那种情绪，也是一种沟通的方式。投诉的处理方式可能与弥补事件中的过失同等重要，将投诉视为礼物可能也与解决问题同等重要。所以，虽然情绪是一种难以管理和衡量的东西，但我们也必须将其纳入考虑范围，尤其是当我们试图要与客户建立起长期关系的时候。

通过对交易中情绪反应的觉察，客服代表可以引导这种情绪朝着对双方（他们自己和他们的客户）都好的方向去发展。这意味着客服代表要有能力觉察到自己和他人的情绪，同时保持参与性和客观性，能够区分何时该控制、何时该做出反应，既能关注到自我感受，也能关注到外部世界。这对投诉处理者来说是很高的要求，但每个环节都是必不可少的。

毫无疑问，投诉是表达情感的机会。研究表明，如果投诉处理者能在解决问题的同时表现出情感关怀，那么他们就会更有可能留住客户。假如投诉处理得当，它甚至会比没有投诉的时候产生出更加积极的影响。

如果只关心如何解决客户的问题，却忽视了他们的情绪，将没法带来太多情感价值的增长。客服代表可能会想："我得赶紧搞定这个问题，这样我就可以应付下一个客户了。"但是，如果想有效地处理好投诉客户的情绪，我们最好能把注意力放在具体的人身上，而不是放在问题上。我们把这叫作共情。共情所能带来的最大的财富，就是会让客户感到自己被倾听了。

客户害怕自己得不到倾听或者不被信任，但他们不愿意承认这一点。每次我带着产品重回开市客商店（Costco）的时候，不管我是要去退货、索赔还是出于其他什么原因，我都会觉得紧张，尽管它的投诉处理流程已经非常简单快捷了。我会觉得内疚、羞耻，因为要买这个产品的人是我，我觉得我可能得为自己的错误选择负责。有一次，我去退前一天买的变质食品。我想：店员会不会觉得我在试图以某种方式欺骗他们呢？为了减轻我的负罪感，店员可能会说："哦，这太糟糕了。把这么一盒牛奶倒在麦片上一定让你感觉很不好。"我会这么紧张并不是开市客商店的错，但这的确是客户情绪和它们整体体验感的一个组成部分。

你的客户此时可能体验到的最为强烈的是哪种情绪？不管客户投诉的内容是什么，你都设想一下，如果这一切是刚刚发生在你身上呢？把自己放在他们的位置上，问问你会做何感想，有何反应。你有什么期待？对方怎么做才能让你开心地离开，并且对投诉的结果心满意足？假如你能识别出这种情绪，你就能做出恰当的反应。

例如，如果客户感觉遭到了背叛，你可以向他们表达你的关切，说清楚你目前最大的愿望就是能公平公正地照顾好他们的需求和感受。如果客户感到悲伤，那你就得安慰安慰他们。如果客户感到愤怒，你就需要不断强调你确实听到了他们的意见，并且会尽己所能地为他们提供帮助。记住，一定要跟对方道歉！

要做到这一点需要员工具备心理上的灵活性。正如塞布鲁克大学（Saybrook University）的名誉校长莫林·奥哈拉（Maureen O'Hara）曾对当今服务界所做的总结那样："服务人员需要的是……一整套高阶心理技能，包括对开放式学习力、自我批评力、低防御力，以及处理多种实际问题和价值观的能力。"企业并不是在大街上随意逛逛就能雇用到恰好具备这些心理技能的员工。这些能力是要靠学习得来的，几乎所有人都应该学习如何从情感层面去处理投诉，而不只是会去修理那些有形的产品。

▆▆ 客户对情感体验的记忆是很持久的

忽视客户的情绪只会让他们更不愿意回来消费。客户的记忆就像大象一样持久，尤其是当他们感到窘迫的时候。即便面对的是高度情绪化的客户，如果我们能带着同理心与他们相处，也能将他们吸引回来。大脑对情感体验的记忆方式使得客户对投诉的记忆往往会比对其他互动更为强烈。纽约大学（New York University）的心理学及神经科学教授约瑟夫·勒杜（Joseph Ledoux）解释说，有关情绪的记忆会分别储存在大脑的两个不同部分中。关于事件本身的记忆储存在一个地方，这个地方也会用来储存其他与事实相关的记忆，而关于感觉的记忆（比如心跳加快、脸红）则会被储存在大脑深处。当大脑调动某段情感记忆时，它会同时回想起事件的事实部分（发生了什么，谁说了什么等）和体验的感受部分。正如勒杜的总结："大脑将这两种'记忆'加以融合，使人觉得两种记忆出自同一处。"所以我们说，大脑的记忆方式是立体的，因此，人们对这种类型的记忆感受也会强烈得多。

假如你仔细观察、认真倾听，你几乎总能听到或者看到客户在投诉时所表现出来的情绪。无论是对方脸上展露出的表情，还是话语里的细枝末节，都有迹可循。如果你看不出任何情绪，那些情绪可能也已经存在了，只等你点燃一个小小火花，让它们浮出表面。除非你处理的是个紧急状况，否则在你试图解决任何问题之前，都要先处理当下的情绪。如果你指望先解决问题而不去关注情绪，那么无论你为客户做了什么，他们都可能仍然对你怒气冲冲，你的努力也会因此而白费。所以，先把客户们的情绪拉到你这边来。我们将在第四章中讨论到，客服人员首先要与客户之间建立融洽的关系，这会为"投诉是礼物"的思维模式打下坚实的基础。

在探索客户可能表达的情绪时，要注意不要指责对方。指责是一种行为，而不是一种情绪。它是一种要把事件责任推给别人，而拒绝自己承担分毫的行为。这意味着对方要为做了什么或没做什么而受到责备。事实上，当你指责客户的时候，你有可能是对的，但是指责的行为会激怒对方。我们中的大部分人在受到指责的时候都会回忆起童年时代，回想起自己被父母责骂的情景。我们可以照顾到客户在情绪上的敏感性，利用这种敏感性去从对方身上获取信息，而不是去指责他们。请记住，客户能说出这些问题，也是费了点工夫的。如果他们的表达换来的是无情的指责，他们会觉得自己受到了更深的背叛。

几年前有研究人员做过一项探索性的调查，他们发现：在管理人员中，有超过 1/3 的人认为客户之所以会来投诉只是希望能不劳而获；大约有 25% 的人认为客户在投诉的时候是混沌不清的；还有将近 15% 的人认为客户的投诉是个彻头彻尾的错误。好消息是，客服代表比管理人员更愿意承认客户投诉的合理性，而这有可能会减少客户受到指责的概率。

投诉与归因

没有人喜欢被指责。从归因理论中可知，人们在受到指责时，通常会将目光投向外部，寻找他人的过失。投诉的人和处理投诉的人之间会迅速展开动态攻击，进行互相指责。

投诉之所以恶名昭著，是有原因的。客户在投诉的时候总会提起自己不喜欢你的某样东西或是你和你的公司所做的某些事情。谁会喜欢听这些话呢？这些话意味着你现在出问题了。投诉中包含强烈的指责成分，也就是说，在投诉时，人们总倾向于消极归因。然而，当某些积极事件发生的时候，人们又往往会将其归功于自己。比方说，当一个客户买了一条不错的休闲裤，他会觉得这都是因为自己慧眼识珠，因为是他自己找到了这条让他备受赞赏的休闲裤，即便明明是店主亲自选货再游说他来下单的。当一个人买了房，听取了销售人员的建议，在自家设计了拱门并受到了别人的夸奖，他也会归功于拱门，而不归功于那个销售人员。

大部分人在期望得不到满足的时候都会去指责他人或是

怪罪整个系统。根据圣路易斯大学（Saint Louis University）的一项研究，客户会因为某个问题而指责某个特定的公司或个人，即便这个问题的罪魁祸首就是他们自己。也就是说，当产品或服务出现问题的时候，客户会归责于工作人员，尤其是那些在一线与客户打交道的工作人员。研究者发现，工作人员也是如此，在收到投诉的时候，他们会反过来指责特定的客户。此外，当客户做出一些不当行为，比如对员工大喊大叫或脏话连篇的时候，他们更有可能因此而受到指责。而当此类情况发生时，服务提供者往往会拒绝换货，或是给客户的换货设置障碍。

大多数员工都明白，指责客户并不会帮他们得到好评，也不会让他们受到管理者的提拔，所以他们会隐藏自己的感受，并且尝试想点儿更好接受的理由来解释问题出现的原因。常见的解释之一，就是把责任推到组织、政策或是管理层身上。员工们可能会对客户说："我真的很想帮你，但我无能为力。我们的制度……"又或者是"我没有那么大的权限。假如我这么做了，会让自己惹上麻烦。所以，很抱歉"。

现代归因理论之父弗里茨·海德（Fritz Heider）指出：当产品或服务出问题的时候，大部人都会将责任归咎于人，而非外部环境。此外，把责任推给企业政策也没有什么用，因为这种指责既不能解决问题，也不能阻止客户指责员工。

就算员工表态说他们也不赞成现有的政策，大部分客户也会觉得员工和企业是一丘之貉，个人行为也是授意于企业的程序安排。而且客户自己也明白，凡事总会有例外。

还有，当今的大部分服务交付过程都很复杂，倘若某项服务出现了问题，需要为之负责的企业或个人可能不止一个。所以，服务提供者得向客户仔细解释其中的来龙去脉，而且不能让对方感觉到他在推卸责任。要做到这一点，可以参考以下话术，"这件事关系到好几个人或者企业，但是我得对此事负责。我们得厘清前因后果，这样我才能为您解决这个问题"。

我曾与某家利润丰厚的企业进行过长达两个小时的虚拟研讨会，在那次网络研讨会的尾声，该企业的负责人对参会的 80 位高管说：

"我们一直对自己的错误视而不见。这个错误显然已经影响了我们的品牌形象并且惹恼了我们的客户。我们的产品是使用塑料袋来包装的，而塑料袋是我们重要的广告位，那上面贴满了我们的商标，但是塑料袋竟然破了，产品全洒了出来。这确实不是我们的错，因为这些袋子是总部从经销商那里采购过来，再发放给所有分店使用的。这些袋子不够结实，扛不住暴力物流的摔摔打打。但是，会选用这种袋子就是我

们的错。而我们只是把这一切归咎于塑料袋的供应商。我们
必须要改变这种思维。"

何为归因，何为责任，我想在那天他已经清楚明白地了
解到了。

要将投诉视为礼物，我们就必须接受这样的观念：客户
永远有权进行投诉——即便我们认为他们的投诉非常愚蠢、
不合理或者大错特错；又或者这些投诉给我们带来了不便；
再不然，这些投诉涉及的问题根本不是我们造成的。我们应
该听听客户的说法。如果你秉持客户有权进行投诉的理念，
你就不太可能会把他们的投诉归结为某种愚蠢或是不诚实的
行为。

在全美最好的连锁企业中，有两家商超始终致力于在
多层面上为客户服务，当中就包括如何处理投诉。一家是
美国大众超级市场公司（Publix），它几乎赢遍了所有与
客户服务有关的奖项，其中包括 2021 年由美国《新闻周
刊》（*Newsweek Magazine*）评选出的"全美最佳客服超市"
（America's Best Customer Service in Supermarkets）。它在那次评
选中击败了韦格曼斯食品超市（Wegmans），而后者也曾多次
获得业内的最高奖项。大众超级市场公司是全美最大的员工
持股超级市场。它的店面主要分布在美国的南方六州，而该

品牌的投诉内容及投诉入口也被挂在其网页上相当显眼的一个位置。而韦格曼斯超市的店面主要在美国东北部，它们也曾做过类似的承诺，"每一天，我们都将为您做到最好"。也就是说，"我们"会听取您的投诉，以此来帮助"我们"变得更好。这两家企业对投诉的响应都十分迅速。

韦格曼斯食品超市成立于 1916 年，该公司因其独树一帜的风格、积极的客户服务以及"改变我们的购物方式"的理念而获得过三十多个重要奖项。自 1988 年起，这两家企业几乎每年都会入选由《财富》（*Fortune*）杂志评选出的"全美百佳就业场所"。能够获此殊荣，不难看出，这两家企业都将满足客户的投诉需求视作了其业务战略的关键部分。

✎ 核心信息

投诉表达的是未被满足的期望。

大部分客户在遇到产品问题或服务问题并需要求助的时候，并不会向真正能解决问题的工作人员进行投诉。

但大部分客户会在遇到问题或者对投诉结果感到不满的时候把这些事说出去。他们会告诉任何人！

客户不去投诉的主要原因是他们觉得就算投诉了也不会改变什么。

投诉处理人员扮演着多重角色：他们是公共关系专

家；他们收集营销信息，帮助企业留住客户；他们是销售人员；当然，他们还要负责处理投诉。

要让客户对投诉结果满意，很重要的一个部分就是要识别和处理他们的情绪。

在提供客户服务时要专注于关心他们的情感体验，这么做可以将客户的停留时间延长 59%。同时会降低 20%~40% 的营销成本，并带来 7%~17% 的更为理想的纯收益。

💬 讨论提示

当客户前来投诉时，有哪些方法可以帮助你承认他们的情绪，并引导其进入投诉对话？

你的组织是如何看待投诉的？

关于投诉，你是否存在一个统一的定义？如果没有，要如何解决这个问题？

在你的组织中，管理者与面向客户的一线员工看待投诉的方式是否相同？

如何避免在受理投诉时只专注于解决问题？如何才能铭记将注意力投注到个人身上？

有哪些方法可以帮助你描述并理解客户的情绪？

为什么投诉总会招来如此负面的反应？

有哪些方法可以帮助你避免将客户所表达的问题归罪于他们？

当客户"无中生有"（例如投诉了一些根本不存在的事情）的时候，你是否也倾向于指责组织中的其他人？

你是否会以任意方式来设定目标以减少投诉？这对你处理投诉的方法有何影响？

第二章

我们是如何阻
止客户投诉的

　　2020 年的《全美消费者愤怒研究报告》显示：相比于 1976 年的白宫基准研究，当前的投诉量增加了 34%。这究竟是因为客户们更爱投诉了，还是因为他们遇到的服务问题更多了？约翰·古德曼（John Goodman）曾推动开展过诸多重大投诉研究。他说，即使在严重问题面前，投诉量也是在减少的。古德曼认为这源于一种"训练有素的无望感"。"系统已经说服客户'要去接受问题，这很正常'——既然投诉了也不会有改变，那为什么还要投诉？"

投诉处理者是如何阻止客户投诉的

　　遗憾的是，大部分人都不喜欢投诉，一听到投诉，人们就会产生强烈的心理防御。对企业而言更危险的是，客户也明白，大多数客服代表根本不想倾听他们的意见。

　　以下的所有或部分反应都会打消客户投诉的积极性。回忆一下，你曾遇过多少这样的反应，而它们又给你带来了怎样的感受。

● 冷冰冰地道个歉，但并不采取任何行动——某家干洗店新刷了一面墙，但没在墙边放置明显的标识。客户走进来，不小心靠在了这面墙上，让外套沾上了油漆。工作人员只是说了声抱歉，但并不试图补救。这可是一家干洗店！解决这个问题应该是很容易的。

● "我也没办法"——这类拒绝通常始于一个道歉。"对不起，但我也没办法。"倘若客户对此表示抗议，工作人员就会说："听着，我都说了，我也没办法。现在能不能请你在那边等等，让我先帮助下一位顾客？"

● 指责式处理——用多种方式来指责客户的无能。"一定是你的使用方法不对"，"你现在才来投诉，太晚了"，"你违反了保修协议"，或者"你没有带保修卡过来"。

● 拖延式处理——客服代表说过会及时纠正错误，但实际并未做到，哪怕他们在公司的广告上承诺过会及时处理客户投诉。

● 无回应式处理——客服代表不回电话，也不对书面投诉做任何回应。客户因此不得不反复致电，每次对方都说会提供帮助，但实际上却没有下文。

● 粗暴无礼——将基本礼仪抛诸脑后。比如，某位服务者盯着腕上的手表，一直在看现在几点了。铃声一响，他就立刻拿起听筒，然后开始讲私人电话。

- 侮辱式处理——在某些极端情况下，客服代表会令客户觉得自己像是罪犯或是骗子。他们会说："其他顾客可没投诉过这个问题。"以前没人投诉，不代表大家不想这么做，只代表目前为止还没人这么做过。

- "你得去找别的部门"——客服代表总有理由让客户去找别人。"我帮不了你，你得去楼上找其他人。""你可以把意见写下来，然后交给另一个部门来处理。"又或者是"我们只不过是经销商，这事儿你得找厂商解决"。

- "责任不在我"——客户之所以会来消费，是因为他们知道如果自己遇到问题，会有人来承担责任，但他们听到的却是，"这不是我干的，不是我的错""我很想帮你，但这不在我的职责范围""我只不过是在这打工，规则不是我定的""当时为您提供服务的人不是我，是我的同事""是供应商／物流商／邮递员／愚蠢的政策／可笑的管理者的错"，还有最糟糕的一种，"这东西都这么便宜了，你还想怎样"。

- 在尝试提供帮助之前问一大堆看起来无关的问题——也许公司确实需要了解这些信息，但是要修复关系，弥补服务中的过失，问得太多可不是什么好方法。"你的姓名是什么？你的地址是哪里？你是什么时候买的这个东西？谁为你提供的服务？你是付的现金吗？你的收据呢？你有顾客登记号码吗？你的母亲在婚前的姓氏是什么？"

- 对客户进行严苛的盘问——盘问源于对客户投诉动机、能力及权利的质疑。"我怎么能确定你说的是真的？你确定是在这买的吗？你有没有按照说明书使用？我们有一份长达 30 页的小字文档，里面列出了所有的例外情况，那份文档你读过吗？你有读过任何使用说明吗？你确定没把它扔掉吗？"这种盘问经常会以这类句子结束："人人都可以来申请索赔，你可能不会相信我们听到过多么离谱的要求。"

客户从投诉处理者的回应中捕捉到所有或明或暗的线索，认为对方是在告诫自己不要投诉。即便投诉处理者本人并没有意识到自己的举动所产生的影响，客户也能感知到其中的无礼。如果客户接收到了这些信息却还坚持要投诉，那么他们离开的时候就可能会给公司带来严重的问题。

毕竟，大部分客户在第一次冒出投诉的念头时都还是左右摇摆的——"我到底该不该投诉？"——正因如此，他们才能从自己听到的回应中解读出各种拒绝以及侮辱的意味。倘若客户在投诉时遭到了恶劣的对待，他们就会放大刚刚的不悦经历，并将这份记忆长久地保留在脑中。当客户在情感上失衡的时候，即便是很小的产品或服务问题，也会被放大成重大的过失。不过，这种情况也只有在客户愿意将自己的不满告知服务代表的时候才会发生。在本书中，你会看到很多客户会选择三缄其口，而不告诉你问题出在哪儿，不给你机会去做具体的改进，但会选择去网上曝光。

投诉会给你提供一些线索，准确地告诉你要怎么做才能留住客户。做到这点并不难——唯一的难点就在于大把的服务提供商和个人都不喜欢收到投诉。许多时候，他们会觉得自己受到了不公的指责，他们不明白，为什么明明不是他们犯的错，但别人却会拿这件事情当作武器来攻击他们。如果这种情况发生得太过频繁，客服代表就会心灰意冷，要么没有心思去和客户建立积极的联系，要么就会直接反击回去，而这两种处理方式都不符合"投诉是礼物"的思维模式。

▇▅ 有多少客户会去投诉

会选择投诉的客户占了多大比例？数据各有差异，但可以肯定的是，因为投诉的客户总量很少，我们已经错过了大量有价值的信息。以下是一些成熟的研究结果：

- 96%的人在感到不满时不会选择投诉，91%的人在这时会直接离开并且不再回来消费。平均每个不满的客户会将自己的不悦经历告知 9~15 个人，而收到消息的这些人也会再转告其他人，即便他们并未亲历这些过程。大约 13% 的客户会将不满的经历告知 20 个以上的人。

- 约 47% 的网民表示，他们每个月都会在网络上发表评论，其中有相当一部分都是负面评论。在这些发表评论的人中，超 60% 的人说自己发布了评论以后从未收到过回复。仅仅是以上这些，就会给全美的电子商务总销售额造成约 4 000 亿美元的损失。想一想，你在亚马逊、开市客、沃尔玛或是塔吉特（Target）这类大型零售品牌消费的时候，会看多少次评论？亚马逊的客户是最热衷于评论的，而且网站的评论就放置在产品下方，所以毫无疑问，你的消费决策肯定会受到这些评论的影响。约 84% 的人对线上评论的信任程度不亚于朋友间的口口相传，82% 的买家会浏览评论并且专门寻找其中的差评。

- 当代年轻人更有可能将自己的服务体验传播给他人。考虑到这一点，企业的目标之一应当是同时保持高水准的服务及投诉处理水平。下一代买家将主要由伴随网络成长起来的年轻人构成。据统计，86% 的人表示在消费产品或服务时会越来越受到差评的影响。

● 客户在不满时所给出的反馈可能对企业颇有价值。以下是我在 2021 年维修自己的苹果 iMac Pro 台式计算机时所学到的经验。在当时，要解决我的问题，我得与客服人员展开 5 次冗长的对话，还得专门去一趟苹果公司零售店的售后部门"天才吧"（Genius Bar）才行。简单说，我的硬盘驱动器要被格式化。由于这个重装的过程特别复杂，所以"天才吧"的工作人员建议我致电客服人员，让他们找一名技术人员来帮我逐步完成重装。结果是，我花了几个小时才找到这名技术人员。我利用这个机会问了所有细节问题，还向对方吐槽了我对这台计算机的所有不满。帮助我的技术人员名叫史蒂夫（Steve），他用非常简易的方法解决了这个让我特别烦恼的问题。接着他问我为什么不去他们的反馈助手页面上反映这件事，而这直接促成了我对本书的写作。我告诉史蒂夫，大约有 96% 的人从来不会给出任何反馈或者建议，我也知道自己应该给个评价的，然而我话音未落，史蒂夫就接了下半句："是的，我知道。你可能认为苹果公司的员工根本不会去看这些评论。但事实上，我们会看，而且它们会给公司改进产品提供难以置信的价值。"每当我在演讲或是研讨会上引用相关统计数字，告诉人们有 96% 的人都不会选择投诉的时候，我知道有很多人都根本不信。但史蒂夫告诉我，他知道这个比例是真实的，实际数据甚至可能比这还高。他说："哪怕有成千上万的人在消费苹果公司的产品时遇到了同样的问题，这当中也只会有一两个人会反馈给我们。"

我曾召集参与者分组进行头脑风暴，列出他们不去投诉的所有原因。有些小组甚至给出了 100 多个理由，其中包括"帮我的那个人长得很像我的侄子，我实在是很喜欢他"。虽然这是个别情况，但也不要略过。这些原因很有创造性——有些还很有趣——它们会让你明白，你能从客户那里听到的投诉内容是何等稀少的。

- "这事儿不值一提。"
- "反正也不会有人听我说。"
- "我感觉愧对那个职员。"
- "这事儿没那么糟糕。世界上还有那么多人都吃不上饭，比起那些，我抱怨的这些事不算什么。"
- "我不想破坏聚会的气氛。我不是主人，所以我也不想那么大惊小怪。"
- "他们会问我的密码，可我记不住。我有好几十个账号。"

- "理由再清楚不过了，跟我对话的那个人真的很不称职，他绝对解决不了我的问题。他们也不会明白我到底在说什么。"

- "我要问的是有关女性产品的问题，但是来跟我谈的却是个男性，太让人尴尬了。"

- "我不想浪费时间，毕竟这也不是什么大问题。"

- "来帮我的那个客服代表真的很好，我可不想让自己看起来像个变态。"

- "我在饭桌上总是彬彬有礼，但在洗手间里却会牢骚满腹。"

- "他们可能会质疑我的投诉，而到时候我就得替自己辩护。"

- "投诉会让我花费更多的时间和金钱。"

- "我不知道该和谁谈。"

- "他们可能会像对待一名罪犯那样对待我。"

- "我以前投诉过一次，但后来不了了之了。"

- "你知道的，今天的人们在遇到极端状况的时候有多疯狂，我可不想冒这个险。"

▉ 意图与结果之间的差距

要以调查结果为标准来衡量员工的投诉处理效果是很困

难的。我们知道，大部分客户并不愿意直接发表对于某个人的负面反馈，他们更有可能表达对某个实物产品而非某人的不满，就算自己面对的投诉处理者非常粗鲁也不例外。因此，我们很难说清楚"人们处理投诉的能力如何"。会影响这一问题的变量太多了：当面交易还是网上交易？商业产品还是个人产品？年轻消费者还是老年消费者？买的是主产品还是副产品？高价产品还是廉价产品？大品牌产品还是普通产品？然而，当你问客服代表他们在一般情况下的服务水平如何时，他们会说自己做得很好，是他们的客户或者老板在其中搅局。比如客户没能解释清楚自己的问题，或者夸大其词了。再不然就是老板光让他们做事，却没有给必要的授权。

当被问及在投诉时受到了怎样的待遇时，客户的说法也各不相同。他们可能会非常恼火，气到要去指责服务提供者。也许他们提供过一些非言语类的线索来表达这些困扰对他们的影响，但对方却忽略了这些线索，因为投诉本身让客服代表感到被指责和攻击了，所以他们没有注意到客户发出的这些潜在信息。

当意图与结果之间发生了冲突，人们就会很容易陷入拉锯战。"我已经尽量努力了。有时确实会发生错误，但我并不是有意要伤害这位顾客。"毕竟，投诉处理者在做的事情就是遵守规则，按照自己受训的内容行事，以保护企业免遭欺诈。

但如果结果是客户认为他们的投诉处理不够充分、很不公平、非常无情，那么他们的意图是什么也就无关紧要了。企业要意识到意图和结果之间的差距，还要意识到客户因受到不良对待而产生的创伤会长久地停留在他们的记忆中。

▪▪ 客户对投诉处理不当的记忆非常深刻

本书 1996 年版本的一位读者曾描述过这样一件事：她要乘红眼航班❶前往美国东海岸，但由于票务公司的过失，她晚了几分钟，错过了这趟航班。这位读者写信告诉我，她父亲原本答应第二天一早 6：30 来接她去参加一个重要的销售会议，而这正是她此行的目的。但最后，她错过了这个会议。后来她订了另一家航空公司的机票，到达了目的地，但行李又被弄丢了，直到两天之后才找回来。二十年过去了，她仍然记得这件事。

她写信给票务公司，要求全额退款。对方的回复无疑是一个制式的回应，既遵循该公司的规则，又符合对所有同类问题的处理意图——他们给了她一张价值 100 美元的另一航

---

❶ 红眼航班是指在深夜至凌晨时段运行，并于翌日清晨至早上抵达目的地，飞行时间少于正常睡眠所需时间（8 小时）的客运航班。——编者注

班的优惠券。我精简了这封回信，内容如下：

> 很抱歉我们让您失望了。我们非常理解您为何感到不满，也希望能尽全力改变这一现状。我们希望客户都能享受愉快、无忧的旅程，但很遗憾，您的本次行程并不完美。对于您的业务及商誉受损一事，我们深表关切。尽管按照本司政策，我们无法满足您的索赔要求（全额退款），但我们仍愿做出公平且合理的妥协，并为您随信附上一张旅行优惠券。我们视您为公司的重要客户，并且期待您能对我们重拾信心。请再给我们一次机会，让我们可以为您提供服务。

这封回信绝对称得上是一封礼貌且积极的回信，尽管它听起来很像是这家航空巨头每天都要多次发送的一个回复模板。这位乘客之所以会有情绪，是因为当航班出现问题时，她联系不到年迈的父亲，没法及时告知他不要麻烦了，不用开车去机场。但回信者对父亲这部分内容却只字未提。所以，她又给该航空公司写了第二封信，也收到了回复——这封回信与上一封不相上下，不同之处就在于还多加了点料。

> 鉴于您再次致信我司，非常遗憾，我们无法按照您的要求解决这个问题。虽然我们确实理解您的观点，但恐怕我们

不能按您的想法来处理这件事。尽管我们始终秉持为客户提供高标准服务的原则，但归根结底，我们处理的还是交通问题。在任何一种业务形态中，倘若消费者已经完整使用了产品，我们都无法给予全额退款服务。即便如此，我们还是愿意随信再附上一张价值 100 美元的旅行优惠券。

这封信大致要表达的意图就是："走开吧，女士。我们不会再为你做任何事情，所以，拿着优惠券走人吧！"对方没有在这封信中表露出一点真正觉得抱歉的意思，因为他们认为"我都已经把人送到东海岸了"。假如航空公司委托广告公司制作一条广告，并在其中展示如上的这种乘机体验，又会发生什么呢？"我们可不会把你送到中转机场，所以你也到不了目的地，而且我们还会弄丢你的行李。忘了退款那档子事儿吧！毕竟，我们就是这副德行！"接着，我的读者又写了第三封信，这次是写给该航空公司的首席执行官。而这封信被转给了一位员工主管（从员工助理晋升而来），对方是这么回复的：

我们的首席执行官已将您近期发来的信件转发给我。很遗憾，您依然对我们的投诉处理结果不满，并且感到自己遭到了不当的对待。我们从未想过要冒犯您（虽然冒犯并非他们的本意，但那就是他们所造成的结果！你该做的就是读读这位乘客写给这家航空公司的信件，那样就不难理解为什么她会觉得自己遭受了不当对待了）。我们已经尽己所能去解释无法满足您要求的原因了。虽然我们知道您对我们的慷慨抱有疑问，但您所收到的优惠券已经超出了我司在同类情况下所应承担的义务范畴（两张100美元优惠券的价值可能都已经接近她那趟红眼航班的机票价格了，所以，为什么不能真诚地道个歉，再全额退款呢？）。我无意再度让您失望，但是，我们还是无法增加赔偿额度（然而，让你失望恰恰就是我要做的事情）。这是我们所做出的最终决定，它不可动摇。请您理解，我们已经充分考虑了您的利益，但我们仍会坚持原本的做法。希望随着时间的推移，您能逐渐接受我们的决定（结果就是："你难道看不到我们为你做了什么吗？不是每天都会有航空公司能送给你200美元的优惠券的。别再不满意了，接受我们慷慨的提议吧。"）。

这位乘客承认，有了那些优惠券，她只需要再花几美元就可以做到收支平衡。但是，当她在西海岸机场被人大吼大叫甚至诅咒的时候，她真正想要的是对方为她所遭受的这份待遇而道歉。她承认自己已经变得歇斯底里了，但她希望对方能够理解，让自己的父亲陷入那样的处境，她的内心是什么感受。投诉处理者必须明白，满足客户的需求，不仅要求我们具备这样的意图，还必须要实现这样的结果。我相信这家航空公司在处理类似"交通"事故的时候，本意都是好的。但是，这位女士再也不会乘坐这家公司的航班了，也永远不会使用那些优惠券，而且她也不允许自己公司里的任何一个人再购买这家航空公司的服务，如她所言，"就算情况紧急也不可以"。几年后，我向她追问这件事的进展，她说她依然不乘坐这家公司的航班。公司对于"交通"问题处理结果的影响力远超其最初的处理意图。看到这里我们应该很清楚了，这家航空公司的主要业务就是交通客运，而这位女士甚至拜托我直接写出这家公司的名称。

还有一则失败的投诉处理案例同样令人印象深刻。米奇·古兹（Mitch Gooze）是一位专职演讲者，他从乐金公司（LG）购买了电子设备，而且也受到了非常糟糕的对待——这是 20 多年前的事情了。他向对方索赔 130 美元的退款，但并未被受理。后来古兹转投另一家公司，花了 5 000 美元给自己的儿子买了新设备。他说，他喜欢乐金公司，但他再也不会在这家公司消费了，因为这份经历太糟心了。这两则故事的重点都在于，即便过去了 20 年，投诉处理的影响可能依然存在。现在古兹在演讲时还会拿自己与乐金公司之间的这段故事来举例。我之所以知道这一点，是因为在 2021 年 11 月初，我问他还记不记得这件事。"哦，当然记得，"他回答，"我现在还在拿它当素材，这是个不错的故事。"如果有更多的公司能够真正体会到，相比于不处理投诉会造成的损失，处理投诉所产生的那些成本压根算不上什么，他们就会更愿意在必要的时候给员工赋权，好让他们去解决客户的需求。他们也会去比较短期收益（意图）与长期存在的愤怒和敌意（结果）所能带来的影响，而后者的威慑力可能会持续几十年之久。

当然了，这只不过是两段轶事，但它们都是对研究结果的生动展示：当人们提到糟糕的投诉处理经历时，哪怕是多年前发生的事情，也会回忆起来。在我的一个研讨会上，有一位女士非常激动地提起了某个服务员把她的头发烧着的事情。当时，服务员要把一个点着蜡烛的生日蛋糕送到她的桌子上，但蜡烛掉在了她的头上。接着，服务员往她的头上泼水，浇灭了火苗，然后又把她的头发弄蓬起来，还跟她说"你看起来没有那么糟糕"。附近的人检查了这位女士的头部，确认了她的伤势。大家都对此事感到震惊和讶异，而这件事就发生在研讨会议地点对面的一家酒店。当我们询问这是多久以前发生的事时，她回答说："30 年前。"

✎ **核心信息**

不愿投诉的客户数量多得让人沮丧。虽然他们不会把自己的经历告诉客服人员，但他们会告诉别人。

84% 的消费者对线上评论的信任程度不亚于朋友间的口口相传。

82% 的消费者会浏览网上的评论，而且主要关注差评。

客户不投诉的主要原因就是觉得投诉了也不会有什么用。

大部分客户都会记住自己所遭遇的不悦的投诉经历，还会将其告诉别人。

大部分客服代表都相信自己很擅长提供服务和处理投诉，是客户和领导在其中作梗。

💬 **讨论提示**

你的组织是如何定义投诉的？是否存在一个大家都知道的公开定义？这一定义（或缺乏定义）对你处理投诉有何影响？

当错误发生的时候，你是否倾向于将责任归咎于其他部门的员工？这种倾向会对你的客户产生什么影响？你能做点什么来避免这一点？

你是如何在无意中阻止客户投诉的？你用了哪些方法？如何才能停止这一举动？

有哪些方法可以帮助或鼓励客户积极告知你他们所遇到的问题？

本章提到了一些关于投诉客户数量的统计数据。许多人都对这些数字表示惊讶。在你的组织中是否能找到一些证据来帮助判断这些数据的合理性？

当客户来投诉时，你处理投诉的意图和最终产生的影响是否一致？你是否能想到任何这两者不相一致的例子？你能做些什么来阻止这种情况发生？

当客户来投诉时，客服代表如何才能加深对客户情绪的理解？

第三章

"投诉是礼物"的
五大原因

　　商业战略家及作家弗雷德·威尔斯玛（Fred Wiersema）
感叹客户流失的问题已经有一段时间了。他说，组织肯定是
做了一些非常愚蠢的事情才会失去客户。"我不同意'忠诚已
死'的说法……大部分客户是非常有黏性的……所以如果你
把客户弄丢，也就等于真的搞砸了。这有什么问题吗？就是
你闯了大祸，才导致客户流失的。"考虑到这种情况的发生
频率，组织肯定是费尽了心机才把客户赶走的。杰弗里·普
费弗（Jeffrey Pfeffer）在《他们在想什么？》（*What Were They
Thinking?*）一书中提到，企业之所以会让客户流失，是因为
它们没有关注到，当投诉处理不当时，客户会如何还击。它
们执迷不悟，没有考虑到这些不满的客户会去寻找竞品来满
足自己的需求。

　　当上述情况发生的时候，企业失去的不仅是客户，也显
示出它们没有意识到"投诉是礼物"的五大原因。这五大原
因构成了一个仍在持续扩充的清单列表：

　　● 投诉为企业提供了一个保持及改善与客户关系的机会。

- 投诉定义了客户的需求。
- 处理投诉是最划算的营销工具之一。
- 投诉会筛选出忠诚的客户。
- 客户投诉意味着依然愿意与你对话。

投诉为企业提供了一个保持及改善客户关系的机会

在过去，客户留存率和客户忠诚度是两个通用术语。今天的商业分析家们已经认识到，客户忠诚度具有双重作用。一个因为被善待而对企业产生感激之情的客户会广而告之自己的经历，并吸引新客户前来消费，而且他们可能会不止一次地这样做，而他们自己也会不断复购。传统的忠诚度计划，比如使用折扣、优惠券等，主要针对的是单一客户。这类奖励的确可以提升客户的忠诚度，然而，绝佳的体验，加上出色的产品和服务，似乎比传统方法更能创造出忠诚的客户，这些计划通常更像是专为精明客户打造的一种营销策略。

客户留存率是一个关键的商业统计数据指标，它衡量的是有多少客户会在某个品牌复购，或者有多少收入来自客户的复购。据统计，一家典型的美国企业每年会流失大约 15% 的客户。比方说，零售行业每年会流失 25%~40% 的核心客户，这意味着大部分零售商要从新客户那里新建 40% 的业务才能保持收支平衡。营销专家认识到，有效的投诉管理可以减少企业吸引新客户的广告需求，进而降低营销总支出。而这些被节省下来的广告费至少也能抵消一部分为投诉客户提供补偿所支出的费用。根据这些研究者的说法，企业不应只是计算单一项目的利润率，而应该着眼全局——也就是盯紧自己的总预算。别忘了，老客户的平均消费要比新客户高出 67%。

正如威尔斯玛所言，企业的很多做法都会让客户挂断电话或是直接夺门而出，而有些企业也已经吃尽了这方面的亏。然而，如果能把投诉处理好，就可以在客户与组织之间建立起牢固的联系。有时这并不是什么难事，只要让客户知道你很重视他们就行了。我曾收到过一位部门主管热情洋溢的电子邮件，他刚刚参加过我的"投诉是礼物"研讨会。他在信中告诉我，曾经有个客户在中午时分打电话到公司，当时后勤团队出去吃庆功午餐了，所以他帮忙接了这个电话。

这是一家实力雄厚的高科技公司，致电的人是该企业的一位知名商业客户，他非常愤怒，要求公司立刻派人来提供服务。可遗憾的是，整个后勤团队都出去吃饭了，公司没法满足他的要求。客户咆哮着说再也不买这家公司的产品了。而这位接电话的主管一直在认真倾听。他评估说，当时这位客户已经到了"溃不成军"的状态。当客户终于平静下来后，他犹豫片刻，然后说："我的天哪！谢谢您打来这个电话。我很抱歉让您产生了这些不好的体验，但我们能做的肯定比这更好。您能打电话来，真的帮了我们的大忙。我会尽我所能为您解决这个问题。"接下来，电话那头的人发出了长时间的沉默。这位接电话的主管发誓，对方肯定已经惊讶得从椅子上摔了下来！

后来，后勤团队回来解决了客户的技术问题，这位客户觉得这家公司和接电话的那位员工都提供了最好的服务。这位主管写道："如果我没接触过'礼物公式'，我也不知道会发生什么，也许我说的话会让对方更怒不可遏。我也可能会感到震惊，然后等后勤团队吃完饭回来的时候再指责他们一顿。"直至现在，他都是"礼物公式"的忠实粉丝。

投诉定义了客户的需求

要想知道哪些环节有问题以及还能如何改进，直接从客户那里获取投诉信息是最有效、最省钱的一种方式。客户来投诉时，也是在提醒管理者要注意一线工作人员的问题。当企业员工表现欠佳，客户通常是最早知道的人。管理人员如果只是简单地观察自己的团队，可能永远也没法了解他们对客户做了多么糟糕的事情。但是，如果员工知道自己和客户的对话会被录音，而管理者也会在周围监管，那么他们的表现通常都会更好。

要从消费者那里学到经验，最好的方法可能就是从了解消费者开始。一些机构和在线网站会去收集客户的评论，消费者金融保护局（Consumer Financial Protection Bureau）的《消费者反应年报》（Consumer Response Annual Report）就是一个很好的例子。该机构具备法定义务评估转交过来的金融业客户的投诉。它会根据三个变量来对投诉进行评估：准确性、完整性和即时性。但非常遗憾，它们对投诉的评估并不涉及情感维度。

该年报中的信息对金融业的所有从业者来说都颇有裨益。例如，这里有一条值得注意的花边新闻，"在新型冠状病毒大流行之前，该机构每年要处理约30万桩消费者投诉案件。但在2020年，这个数据超过了54万桩。"这是一个巨量的增长。然而，由于处理变量不涉及情感维度，所以我们也不知道事主之所以婚姻破裂，是否是财务问题所致；或者人们被迫离开家，是不是因为银行账户里没钱，付不起月供。该年报的摘要是根据收集到的投诉类型总结出的，虽然里面的内容都很老套，但是美国政府却会据此颁布法规来保护消费者的权益。然而，如果金融机构能在消费者第一次来投诉的时候就予以关注，在客户真正有意见的时候去倾听他们的情绪，也许最终的局面会更公平一些。但如果金融机构对投诉意见置若罔闻，该局就会"放大消费者的声音"，而这些声音也会被转化成相应的法规。假如银行不喜欢金融法规，也许它们就该直接回应那些投诉，这样一来，这些内容也就不会被转给消费者金融保护局了。

当企业鼓励客户直接反馈时，它们就能学到要如何塑造产品或服务以满足客户的需求，如何改造内部流程以提升速度和准确性，进而为更好地服务客户奠定了基础。这种受到管理人员肯定的一般方法会让一线的服务提供者觉得："这主意真不错，我会把它推广下去。我知道谁最需要听到这个消息。谢谢你！"

要让客户觉得自己是你的业务的一个部分，最简单的方法之一就是把他们当成你在思想上的同盟。即使只是一个小小的评论或者投诉，也是在给企业机会证明它们会信守对新客户或忠实客户的承诺。如果企业想进一步与客户接触，可以找人联系客户，告诉对方他的想法被采纳了，采纳之后发生了什么，或者他的概念被试用了，但不太可行。对企业而言，跟进投诉可以与跟进销售同等可贵。任何一个成功的销售人员都不会在拿到线索之后就什么都不做了。同时跟进销售和投诉处理问题有助于巩固企业与客户之间的关系。

大部分时候，客户并不会为企业产出开创性的想法。创新是企业研发部门该做的事情。如果有人通过一次技术上的头脑风暴就解决了一个特定的问题，那他们就该用这个点子去自己创业，自己卖产品。想一想硅谷的所有初创企业，电动汽车的想法并不是由客户所提供的，下一代苹果手机（iPhone）的最新摄像头该用哪些技术参数也不是客户能决定的。但是，客户的反馈能帮助特定人员针对产品概念进行微调。回顾一下我和苹果公司技术人员史蒂夫的对话，他说苹果公司绝对会倾听用户的意见，如果他说的是真的，那它们就会将这些变化整合到它们的软件之中。

要不是产品或服务出了问题，企业可能永远也不会了解客户的真正需求。当产品被投入生产和使用之后，就只有客户的投诉能让企业知道哪些地方是行不通的。但前提是，企业必须愿意倾听，并且具备能够整合这类反馈的内部系统。

如果酒店和餐馆能与客人就某个问题展开对话，它们或许能讨论出一连串的好点子。通过市场调查也能发现问题，但只有客户反馈才能带领人们走入深处。比方说，我们家在爱彼迎（Airbnb）平台上出租了一套房子。每当客户反馈某一问题的时候，我和家人总会问问还有没有其他问题。如果没有这些对话，我们就很难想到要在主卧里多放一点储物碗还有行李架。是客户告诉我们菜刀太钝，该磨了，有什么东西坏了，或者马桶的冲水力不够。是这些意见让我们一直占据着金牌房东的宝座。

对需要快速响应不断变化的市场条件的企业来说，倾听和迅速受理投诉有助于企业及时捕捉到客户的期望。例如，我在一家服饰网店上购物，这家店承诺可以退货。如果有好几个人都因为尺码不标准而退掉了同一件商品，店家就应该修改广告，在里面加上"尺码偏大/偏小"的说明。这有助于减少退货，也能尽量避免客户在收到货后感到失望。再比如，便利店通常只会销售在数月之内有较大需求量的产品。而顾客的投诉（"为什么你们不卖……?"）则能迅速向企业传达不断变化的市场行情——但前提是企业真的愿意倾听。

处理投诉是最划算的营销工具之一

营销专家在衡量客户偏好的时候，会从焦点小组开始，但归根结底，他们会提的问题都是他们自己觉得重要的问题。比如，酒店总是会问客房的清洁度、员工的友好度、入住的便利度——都是传统客人会在意的点。客人的确会在意这些基本要素，但是，能为客人创造独特体验的，是床头灯的明亮灯泡，以及易于操控的电视遥控器。从来没有一家酒店问过我客房服务菜单上的字体大小是否合适，就连电话上列出的直拨号码是不是清楚也没人问过。（提示：字太小了，而且我也还没老花眼！）

以下收集反馈的方法成本更高，也不够直观：

- 评估平行行业的客户期望

- 基于交易开展研究

- 启用神秘购物者或外部审计师

- 进行全面的客户期望研究，比如焦点小组

上述方法都没法像处理投诉的那种交流方式一样拉近你与客户的距离。此外，只有大型企业才有能力开展或委托机构进行这类市场研究，中小型企业只能依靠客户来告诉企业他们对产品和服务的看法。

其他不那么时髦的企业也吸取了这一教训。投诉和市场是不断变化的，而市场研究则是相对静态的。请注意，很多时候，你在发起投诉时，已经在脑中有了一个大致的构想。问问自己，当你真的去投诉的时候，你是否觉得自己的想法会被提交给某个人，并在企业内部付诸实施。事实是，除非企业系统运转得当，能将信息上传下达给对应的部门或个人，否则它们很可能会石沉大海。比如说，研究者指出，酒店只会花 15% 的时间来回应客人提出的问题。每当我填写调查表的时候，我总会在上面加上一些评论，看看是否会有人对我

的建议做出回应。迄今为止我还没收到过任何企业的回复，也许有一天我能收到。

许多评论都是有关包装的，比如抱怨一个小小的产品要用大得离谱的盒子来包装，又或者包装太难拆了。全球物流专家合众速递公司（UCS）指出："包装已经成为消费者关注的一个关键问题，这意味着它也已经成了零售商和物流业务的关键问题。提供合适的包装有助于给客户创造积极体验，而客户也会因此而对这笔订单和送货过程中所涉品牌产生良好的印象。"

当代消费者对包括滥用食品包装袋或气泡纸之类的包装浪费现象更为敏感了。几乎所有人都会觉得这类包装材料既不节能又难处理，我的回收公司都不愿接收这些产品。如果某个包装很难打开，对我来说最好的处理方式就是把它拿到换货柜台，让别人帮我打开。但我就属于那96%的不愿投诉的人，所以我还没这么干过。假如全世界的人都在收银台打开包装，再把包装留给收银员，那你就不用等回到家或办公室后再去投诉包装的不便，而厂商也会接收到这样一条信息，即"我们的产品包装必须更容易打开，不要过度包装，要对社区环境更友好"。而你知道吗？这一切正在发生！我发现现在的包装上已经会比过去列出更多的说明，以此来解释自己是如何减少浪费的。

人们最常在餐桌上谈起的糟糕的服务体验之一就是外包式客服中心。在过去几年中，有些公司似乎不再愿意把客户响应这么关键的环节给外包出去了。许多组织已经意识到，把客服中心放在口音不同的别国，会导致客户的流失。现在有些美国公司会为高级用户提供美国客服。客户会发现，如果他们在航空公司累积的里程有限或者干脆没有里程，那么在拨打总机号码的时候，他们就总得忍受长时间的等待和糟糕的服务。许多客户宁愿支付 13 美元来换取更高质量的服务。戴尔公司（Dell）为了开放全天候的电话热线，在 13 个国家都设置了客服中心。整个互联网上都能看到这些信息，所以你也能找得到这些客服中心都设在哪里。大公司使用海外代理客服并不奇怪，因为这能节省 50%~75% 的成本。但这样就会导致一个问题：世界各地客服中心的员工们因为听不懂客户的口音，而成了客户攻击的对象。尽管从财务的角度考虑，这种状况非常复杂，但是行业分析师依然认为，企业应该免费提供高质量的客户服务。

并非所有公司都会把客服项目外包出去，但确实有些公司已经这么做了。电信行业变化万千，当中的领袖人物们不断从一家公司跳槽去另一家，使我们很难追踪到他们的起点和现状。如果仅讨论 21 世纪 20 年代的状况，下述总结仍有准确性。

Lively 是一家手机公司，它向美国的老年人销售手机产品，该公司在广告中提到其运营地点在美国，同时还展示了一部新款手机。时任 Lively 首席执行官的大卫·因斯（David Inns）说："很让人意外，许多客户都会问，你们的总部在哪儿？当我们回答说'在密歇根州（Michigan）的奥本山（Auburn Hills）'时——他们都表示很满意这个答案。"

2012 年，约翰·莱格尔（John Legere）被任命为 T-Mobile 的首席执行官，他引导该公司完成了一次重大的转变，因为他倡导"投诉是礼物"的思维模式。莱格尔说："在我成为这家公司的首席执行官之后，我所做的第一件事，就是坚持每晚在家听客户投诉的电话录音。你得去听、去执行，才能保证自己确实听进去了这些意见。"在 T-Mobile 任职期间，莱格尔建立起了客户服务体系，主要满足老年用户的需求。他设计了一种名为"专家团队"（Team of Experts）的方法，你可以想一想苹果公司的"天才吧"。位于美国各地的专家成员会组成一个专门的客户关怀代表团队，分地区来提供快速和高效的援助。

大部分人都明白，当对方与你口音相同、文化背景相似的时候，你们交流起来会更舒适。如果客户最先是在与一个印度人在讨论账单的解决，而对方有答不上来的问题时，他们不会希望你把这个问题移交给一个菲律宾人来澄清。当这种情况发生的时候，要做到真正地为"客户服务"，不能只是把这当成一句纸上谈兵的口号。

有句话说得好："很显然，技术的发展已经超越了人性。"部分企业意识到了这种语言壁垒会带来的危害，所以它们也不同意将客服中心业务外包出去，其中就包括丰田金融服务公司（Toyota Financial Services）和线上鞋业公司美捷步（Zappos）。它们忍住了诱惑，没有通过外包客服中心的方法去节约成本，但因此，它们也不得不提升服务质量来弥补这份损失。结果就是，它们的客服中心不仅服务水平很高，而且已经能赢利了。

据《福布斯》（Forbes）杂志分析，一直以来，客服中心更多地被视为一个花钱的部门，而不是赚钱的部门。不过这种情况正在发生转变。《福布斯》杂志指出，一些企业开始关注反馈，并希望在客户来电时为其提供更好的体验。有些客户打电话来消费，或投诉商务舱机票、昂贵的酒店套房和高端网络计算机系统的时候，他们是愿意为高价产品买单的。针对这部分客户，客服中心是一片大有可为的广阔天地。

投诉会筛选出忠诚的用户

根据诸多心理学家的观点，忠诚度主要取决于喜欢和信任两大因素。这两者有什么区别呢？帕特里克·贝特－大卫（Patrick Bet-David）在领英网（LinkedIn）发表的一篇文章中说："信任与喜欢的区别在于，它们一个会花费时间，而另一个则会争取时间。信任需要花时间才能建立，而当别人喜欢你的时候，则会为你争取到赢得信任所需要的时间。"一句话，两者都很关键。品牌建设、市场营销和销售服务更多取决于喜欢。正如房产销售专家杰夫·肖尔（Jeff Shore）所言："如果你的潜在客户不喜欢你，你是卖不出多少房子的。"但当之后出现产品漏洞的时候，信任就变得至关重要。

就关系本身而言，当遭遇危机时，无论是大危机还是小麻烦，信任都会显得格外重要。消费者会问自己：这个组织真的支持我吗？如果我遇到问题并告知它们，它们会顾及我的需求吗？测试企业与个人之间信任度的一个好方法，就是去观察企业对待投诉行为的方式。从心理学上讲，我们对关系的期望和信念往往是趋于稳定的。一旦我们在组织中享受过一次优质的服务，就会期望该组织在之后的每次服务水准都能始终如一——无论到时候来与我们对话的人是谁。

如果企业在投诉处理上满足甚至超出了客户的期望，我们就会极大地增加对它们的信任，同时也会很大程度地提升对它们的忠诚度。因为它们在提供帮助时尽心尽力，所以我们会觉得自己好像亏欠了它们什么。客服博主盖伊·温奇

（Guy Winch）写道："研究证实……如果客户的投诉得到了妥善的处理，那么他们的忠诚度甚至会比问题发生之前还要高。"这类客户会把自己的积极经验转告给许多朋友和熟人，这会为那些"做对了"的企业打造口碑。

上述观点首次发表于 20 世纪 90 年代，之后又被不断重提。玛丽·乔·比特纳（Mary Jo Bitner）与其团队的核心研究人员对涉及航空公司、酒店及餐饮业在内的 700 个服务事件进行了一项重要的研究，他们发现，在客户对良好服务的所有积极记忆中，有 25% 都始于服务交付失败。在过去 30 多年中，这样的管理经验始终盛行不衰：与其隐瞒服务问题，不如接受故障发生。我们需要转变思维模式，这样一来，每个与投诉者沟通的人就都有机会把消极情况转化为客户的积极体验。

客户带着这样的信念在与品牌相处，即当他们遇到问题时，企业是可信的，它们会关心客户的福祉。企业有效地处理投诉可以增进信任，我们会告诉自己的朋友、亲戚和同事："这些人值得信赖！"企业在这样的前提下处理投诉，可以增加客户的忠诚度。温奇是这样说的："底线就是，公司应该尽其所能地让客户表达出自己的不满。来投诉的客户不仅会提供有关公司产品、服务或流程的重要信息，还会给公司打开一扇虚拟入口，将客户送上能令忠诚度大幅跃升的快车道。"

公司内部的所有员工都应带着这样的心态来工作：来投诉的客户，其忠诚度都是有机会提升的。

消费者事务（Consumer Affairs）是一个私人的消费者评论网站，你可以浏览一下该网站上的用户对亚马逊公司的评论，相信会有所启发。人人都爱亚马逊公司的快捷反应能力和退货政策，大部分人在这里给予五星好评的时候，夸赞的都是退换货的流程如何顺畅。而当人们给出一星或两星的时候，通常都是在吐槽有关产品、到货或退货的问题。简单说，无论是好评还是差评，都在某种程度上与退货有关。

亚马逊公司会要求购买某种特定产品的客户给出反馈，更棒的是，它们还会邀请买家来回答其他消费者的问题。这么做使得整个产品交易体验变得透明，而亚马逊公司的好名声也部分由此而来。顺便一提，消费者事务网站上被问得最多的一个问题就是"我怎么才能确认这些有关亚马逊公司的评论是真实可信的呢"？该网站的管理者回答说，网站上有 3 554 685 条评论，它们都经过验证，而且我们会从三方面来确认评论的可信度。

福布斯理事会（Forbes Councils）成员阿斯特丽德·波克林顿（Astrid Pocklington）这样描述投诉与忠诚度之间的关系："令人惊讶的是，往往越忠诚的客户，越有可能在第一时间选择投诉。这些人已经表现出了一定程度的品牌黏性，他们对品牌足够关心，甚至愿意主动花时间来建立联系。"这对我们很有启发。假如你不愿通过提供反馈来帮助公司改进的话，问问自己，我有多关心这家公司？当员工与前来投诉的客户交谈时，不妨假设对方就是你的忠实客户之一，他们会来投诉是出于关心。这种思维可能会影响组织中的任何人与投诉者之间的互动方式。

培养忠实客户是很难的，但要让客户放弃品牌却非常容易。大量统计研究表明，如果客户觉得企业是鼓励投诉的，而且投诉也能得到回应，他们就更有可能产生复购行为。此外，长期客户不仅更愿意下单，也更容易满足，因为他们熟悉你的产品、你的员工、你的系统，也知道要如何取悦自己。这份了解可能会导致习惯性的购买行为。你可能会说，如果客户买的都是些廉价或者低利润产品，那么花时间去受理他们的投诉是很不值的。更有说法认为，争议总会过去，就算这类客户前来投诉，也会有更多的同类客户来替代他们。但更广受认可的是这样一个观点——即使客户购买的是廉价产品，其终生价值也是在不断累加的。

举个例子，如果你每周吃一次麦当劳（McDonald）的早餐，平均每次花费 5 美元，那么你每年要在这里花的钱大概就有 260 美元，在你的一生中，你会在麦当劳花费的早餐费用可能就有 10 000 美元。每次你把衣服送到干洗店，需要支付 10 美元或 15 美元的费用，那么在你的一生中，你花在干洗上的费用轻轻松松就有 30 000 美元。如果你每个周末都要在比萨店花上 25 美元，那么 4 年下来，就是 5 200 美元。

当你面对的是廉价产品的消费者时，想象一下，他们的脑门上都贴着便利贴，上面写着这位顾客的预估终生价值。那么，当员工能够设想有人在干洗店花了 30 000 美元的时候，再有客户因为丢失了一件衬衫而前来索赔时，他们的反应就可能大不相同了。而所有销售大件商品的企业都得注意了，有的客户花得更多。除了住房，全世界的人花钱最多的地方就是汽车了，人们每月在汽车上的花费接近 800 美元。《汽车趋势》（Motor Trend）计算过，每个有车一族一辈子要花在车上的钱约有 250 000 美元。汽车行业的客服中心可以综合客户已支付的和预计待支付的金额来算出他们的终身价值。这种思维可能会影响客服中心代表刚接到投诉电话时与客户的对话方式，尤其是当这个金额与客户上次买车的特定经销商相关的时候。

本地店铺至少还能从外貌上识别谁是常客，但这还远远不够。即便是针对小型业务和专卖店，每多留存客户一年，也能创造出更多的利润，因为长期销售业绩可以摊销营销费用。IBM 公司北美销售及营销高级副总裁罗伯特·拉班特（Robert LaBant）做过计算："客户满意度在每一个百分点上的变化都会在 5 年内转化成 5 亿美元的销售收益或损失。"

另外，当今消费者获取信息的渠道是多种多样的。也许他们晚上在家就开始搜索产品了，上班时间如果有空，他们也会在办公室的计算机上搜搜看。如果在午餐时间路过一家商店，他们也会看看令自己感兴趣的产品。最后，在乘公交或地铁回家的路上，他们会用智能手机做出一个最终的购买决定。由于单个客户可以经由多个购物渠道消费某个大型零售商的产品，所以你也很难估量某个特定客户的价值到底有多少。因此，但凡客户前来投诉，企业都要仔细并迅速处理，要为所有的投诉处理做好准备。

▇▋ 客户投诉意味着依然愿意与你对话

你大概也能看出来，有关"投诉是礼物"的五大原因之间是如何相互关联的。而这最后一个原因，也就是"客户依然愿意与你对话"，与前四个原因是相互交织的，它也是我最喜欢的一个原因。

我们中的大部分人在生活中都经历过这种情况，而这种情况带有非常浓厚的心理学色彩。假如你曾与深爱之人发生过严重的冲突，你会知道这是多么痛苦的一件事。你们当中的某一个人可能会觉得，解决彼此争端的最好办法就是停止对话。但你可能也发现了，不说话并不能解决问题，因为冲突还在，甚至还会加剧。我曾见过有人与家庭成员冷战，直到对方临终前，两个人才冰释前嫌。对话通常是这样展开的："我很抱歉，咱俩不该不说话的，我们浪费了那么多时间。"泪水涌出，爱意流动，大家终于意识到这样一个现实：即便对话令人为难，也比回想这些被虚度的岁月要容易许多。

在商业关系中，我们也可以秉持同样的论点。企业提供服务和产品，而客户购买这些服务和产品，这种关系基于相互交换。但是，每一种关系都会遇到问题。客户可以选择投诉，也可以毅然走开，不再回头。但事到如此还没结束。觉得自己受了委屈的人会去找别人诉苦，而这种类型的口口相传对企业的声誉才是真正的危险。投诉则是一种可能修复这种关系的方法。

要记住，如果客户肯打电话或写信来投诉，就意味着他们仍愿与企业进行沟通，也就代表企业还有机会修复并维持双方的商业关系。遗憾的是，客户的许多心声都没有表达出来，也许他们一言不发就放弃了品牌，也有可能他们曾经威胁过要走，然后就真的离开了。想象一下，这会导致多少客户流失。我们要思考如何去处理这些秘而不宣的投诉，这样一来，客户就不会将苦水倒给别人，而企业也不会因为客户的流失而造成经济损失。

✎ **核心信息**

一家典型的美国企业每年要流失约 15% 的客户；零售业每年会流失 25%~40% 的核心客户。

要知道哪些环节有问题以及还能如何改进，直接从客户那里获取投诉信息是最有效、最省钱的一种方式。

投诉和市场是不断变化的，而市场研究则是相对静态的。

客户忠诚度主要取决于喜欢和信任两大因素。

在客户对良好服务的所有积极记忆中，有 25% 都始于服务交付失败。

越是忠诚的客户，越有可能选择投诉。

如果顾客向你投诉，代表他们至少还愿意与你对话，而不是去找其他人诉苦。这意味着你还有机会留住他们。

💬 **讨论提示**

关于有效的投诉处理会如何改善客户关系，你从本书和自己的经验中有何收获？具体案例给你怎样的启示？

当你与客户针对投诉展开交流时，你曾做过哪些努力，致使对方最终满意离开？你是否为跟进事态进展而持续联系过客户？发生了什么？能不能演示一下你是如何处理与其他投诉者之间的关系的？

在组织的角度上，你从客户的投诉和评论中了解到了他们的何种需求？

当客户来投诉时，你要如何以及向谁传递你从客户那里了解到的信息？如果这一工作还未在你的组织中推行，应该如何开始？

当客户向你提出投诉时，应该问什么样的问题来了解他们的需求？

当收到重复的投诉时，你应如何将信息传递给内部团队，便于其对客户面临的问题展开行动？

如果客户成为你的品牌的终生用户，或是几年内持续在本品牌内消费，他们能带来多大的价值？假如你不清楚这一点，在处理客户投诉的时候，掌握这些信息是否能够带来帮助？

你获取新客户的成本是多少？组织在营销方面的花费是否比处理客户投诉并提供赔偿所支出的成本更高？

第四章

将"礼物公式"落到实处

　　想象一下，在你的新居暖房聚会上，你的好友朝你走来，带着一个漂漂亮亮并且包装精美的礼物来祝贺你搬了新家。你会通过肢体语言来表示你很高兴见到他们，也很高兴收到他们的礼物。在相互问候之后，你会首先认可对方的体贴。"谢谢你。谢谢你特意开车过来跟我们一起庆祝。谢谢你送了这么好的礼物。"

　　如果你打开这份礼物，发现那是一本专为你挑的桌边画册，你又会做何反应？你会说些什么？"哇！谢谢你。我太高兴了。自从我们搬了新家，我就一直想买这本书。我一直在看这本书的评论，人人都说它是本特别鼓舞人心的书。你会为我买这本书，实在是太周到了。你怎么知道我喜欢这种类型的书？这下我每次翻开它的时候都会想到你的。我打算把它放在咖啡桌上，今晚就开始看。"好吧，也许没这么浮夸，但差不多就是这种反应。

　　现在想象一下，某个客户打电话来投诉服务问题。"我叫山姆·约翰逊（Sam Johnson），我的网络老是宕机。我这里一直断网，但你们的广告还一直宣称自己的网络最稳定。这还不是最气人的，我的第一张账单是按使用量收费的，而我知道这件事的时候系统已经停机三天了。不过我一点儿也不意外，你们连联网的事情都搞不好，算不对账也是可想而知的！""谢谢你打电话告诉我们这件事。你太体贴了，我们真的非常感谢。"你会这么说吗？可能不会。

但我们在收到乔迁礼物的时候会毫不犹豫地说"谢谢你"。为什么我们会那么做？因为朋友花了时间，还买了东西。那来投诉的客户呢？他们是朋友吗？或者是敌人？他们当中的大部分人想做什么？他们给予你的是什么感受？其实这就类似他们专门写了本书送你，书名叫《认真听我，好好待我，我会和你在一起》（*Listen to me, Treat Me Well, and I'll stay with you*），所以不要说："走开，我桌上已经有一本这样的书了，我可不想再要一本。我都忙死了。"

在和调制解调器一直断线的客户沟通时，许多客服代表都会先问一连串的身份识别问题。"你叫什么？名字怎么拼写呢？你的电话号码是多少？这是你的手机吗？你的电子邮件是什么？你的地址在哪里？你是什么时候购买的服务？你的调制解调器的产品号码是多少（假如你手头没有，可以看看设备底部，那里有一行很小的数字，你可能得用个放大镜才能看清）？你手头有月度账单吗？上次付款是什么时候？"他们可能会把责任推给天气，叹息道，"很多人都打电话来投诉大风让网络断线的问题。"他们也可能会攻击自己的公司说，"其实网络断线是家常便饭。但难以置信的是，我们公司还在广告里说自己是全行业最好的。要是我们是最好的，那其他网络公司又算什么？"

假如客户足够幸运，他们还能听到一句抱歉，但很少有客服人员会在对话开始的时候就直接说"谢谢你"。他们可能会在谈话结束前说"谢谢"，但那时候客户可能已经火冒三丈了，所以说了也没有什么意义。

如果有人送你一本书当作乔迁礼物，而你给对方的回应却是一大堆的问题："你在哪儿买的？你是全价买的还是在亚马逊上买的？来吧，承认吧。我怎么知道你有没有看过它？"你永远不会对一份礼物如此无礼。你会说"谢谢你"，而且这是真心真意的——即便你已经有了一本同样的书。

■ "礼物公式"的三个步骤

当有人送了一份你第一眼看到就觉得不喜欢的礼物，你首先会产生的想法可能是：这算是什么礼物？怎么会有人——还是好朋友，送我这么个玩意儿？尽管如此，你还是要设法假装感激，感谢送礼人的一片心意，虽然你可能在想：我能把这个东西转送给谁呢？我们要把"投诉是礼物"的思

维模式运用到炉火纯青的地步，要让我们即使是在收到一份
破烂的情况下，也能毫不犹豫地向对方表达感激。

好奇心会影响我们与送礼者的整个互动。如果我们将
"投诉是礼物"的观点根植在心中，就像认为收到礼物时一定
要说"谢谢"一样，那么当收到投诉的时候，我们就会觉得
自己收到的是些很有价值的东西。到时候，你不必绞尽脑汁
去思考应该如何行事，因为你的自然反应就会像是收到了什
么了不起的东西——或者至少是能引发我们好奇心的东西。

要如何才能培养"投诉是礼物"的思维模式呢？首先，
如果每个组织成员都能按照这样的思维来说话，会很有帮助。
要在每个会议上、每面墙的海报上，在所有客服对话与教培
课程中强化这一思维模式。其次，为了支持这一思维模式，
公司的政策、使命、愿景、价值观和管理行为都要与其保持
一致。最后，还要学习一些处理投诉的基本技巧。我们可以
从使用下述"礼物公式"开始。

"礼物公式"描述的是一个循序渐进的过程，如果能按照
固定顺序来操作，就能产生最大化的影响。但是，你可能会
发现在某些情况下，调整顺序或是强化建议的语言会有更好
的效果。你也可以把这些步骤结合起来，有些组合短语的表
达效果也是很好的！具体步骤如下：

1. 通过建立融洽的关系来回应对方。

（1）从"谢谢"开始。

（2）简要说明你为什么对客户的表述感到高兴。比如说："谢谢你告诉我／说了这些／让我知道"。

（3）简短但真诚地道歉。

（4）告诉客户你会怎么做。

2. 通过解决对方的问题来恢复服务。

（1）要求提供信息。

（2）尽快解决这个问题。

（3）跟进满意度。

3. 在组织内部解决这个问题，避免再次发生。

如果你读过本书的前两个版本，你可能也注意到了，之前的"礼物公式"包含八个步骤。别担心，那八个步骤还在，只不过被精简成了三个主要步骤。这么改的理由很简单：三个步骤比八个步骤更好记一些。我的公司对一些大企业做过测试，发现服务提供者们会专注于八个步骤里的第一步，也就是和人际关系有关的那步，但是会忽略其他步骤。把公式缩减成三个步骤以后，投诉处理者就能用上整个公式。最后一步是在组织内部解决问题，避免再次发生，这一点是至关重要的。

通过建立融洽的关系来回应对方

"融洽的关系"（rapport）出自一个法语单词，它的意思是在人与人之间创造出一种相互理解彼此感受的关系。这一概念在所有语言中都适用。人人都能理解这个单词的意思，因为它在全世界范围内表达的都是同样的想法——它是为积极关系建立坚实基础的开端。

如果你与同事、家庭成员或者邻居建立了融洽的关系，那么即使你犯了一点小错也不用担心。当你想修复关系的时候，他们也不会攻击你。投诉也是一样。如果你首先和客户建立起融洽的关系，他们就能放下敌意，分享自己的意见，因为他们知道你是来帮他们的。处于融洽关系之下的人通常都是开放、包容和乐于合作的。客户会对你的服务充满信心，而这对处理投诉来说是个不错的开始。多练习以下四种行为，能帮助你与对方建立起融洽的关系。

· 从"谢谢"开始

当客户首次来投诉的时候，不要花力气去判断他们的出发点是否合理。要把投诉当成一份礼物，这有助于你对客户表达出感激。当我们能与客户建立起直接的融洽关系，我们会因此而大大获益，而要做到这一点，就得满足他们的需求。

你可能会对对方的反应大感惊讶，但是没什么比说"谢谢"更能让对方感到友好。

大多数人收到投诉的时候绝不会在一开始就说"谢谢"。相反地，人们会先道歉——"我很抱歉"——这种模式在几乎所有语言文化当中根深蒂固。然而，当人们要写信去回复一桩投诉事件的时候，却会在一开始就说"谢谢"，比如，"感谢您写信告诉我们……"。如果在以书面形式处理投诉的时候能先表达感谢，那为什么对口头投诉就不能这么做呢？因为在写作的时候，你有更多的时间去思考怎么回应才最好。所以，我们最好也能用这种方式来处理口头投诉。

尝试做个实验：在你表达完抱怨的情绪后，请别人对你表示感谢，留意你在听到"谢谢"时的情绪反应。有一次我在酒店的研讨会上讲授"礼物公式"，结束后，一位学员离开了研讨室，然后在走廊上看到了混乱不堪的景象。到底是什么景象并不重要，相信我，那真的很糟。这位与会学员抓住一位路过的酒店员工，指了指面前的一片狼藉。那位员工回答说："这太可怕了！谢谢您跟我说！我马上就把它清理干净。"其他刚刚离开研讨室的与会者见到这一幕都兴奋不已，因为他们现在有了亲身经历，知道在发出坏消息的时候却被回馈以感谢的滋味有多美妙。

我们在对投诉表达感谢的时候，要像在收到礼物时表达感谢那样自然和自发。眼神接触、示意理解地点头以及友好地微笑都能创造奇迹，建立融洽的关系。务必保证你的肢体语言表达出了你对投诉内容的肯定，同时，维护客户投诉的权利。

人们告诉我，他们第一次回应说"谢谢"的时候感觉很不自在。他们说这感觉很假，很不自然，还有其他一些觉得这么做不合适的理由。但是当我问被说"谢谢"的人有什么感觉时，他们通常都会说感觉很好，很放松，情绪也没之前那么激动了。我对所有人都是这么说的："这句话听起来比说起来要让人感觉更好一些。"

几乎所有人在刚开始这么做的时候都会觉得不舒服，但随着练习，这种不适感会消失。事实上，它会变得非常自然，以至于你都不用去想就能脱口而出。记住，大部分孩子在蹒跚学步的时候就在学习说"谢谢"了。"说谢谢。"他们的父母反复催促道，接着小家伙会说几句类似"谢谢"的话，然后得到一个微笑或是拥抱作为奖励。最后，孩子就能学会在得到任何东西的时候都要表示感谢。写感谢信也是一样。一般来说，孩子要花好几年的时间才能学会写感谢信——我指的不是那种只是发几个表情包的快捷短信。

想想你最近的一次投诉——不一定是那种大发牢骚、不依不饶的投诉，可能只是表达了觉得某些安排不妥。你听到对方说过一句"谢谢"吗？2021 年 12 月初的一天，我去我下榻的酒店前台退房。我想趁这个机会说一下我房间的咖啡机用不了了。前台的女服务员慢悠悠地从里间走出来，似乎很不愿意看见我。我肯定是打扰到她了。"知道了。"她说，语气中带着恼怒和否定，看都没看我一眼。我告诉她我要离店了，而且我房间的咖啡机坏了。她一个劲地鼓捣那些电子设备，按下按钮，然后说："我会派人上去检查的。"她能表现出的友好就到此为止了——没有问候，没有感谢，也没有展现出这家酒店的热情好客。她甚至都没跟我说："再见！祝你有美好的一天。"我说我要走了，所以咖啡机也不急着修。我离开的时候，对这家大品牌酒店产生了非常消极的印象。

我敢肯定，如果你问她是如何处理这则投诉的，她可能甚至不觉得这算得上是个投诉。她最有可能说："嗯，我告诉过她我会派人去检查的。我还能做点什么？"她本来应该这么做的：她可以跟我打招呼，对我微笑，问我房间里的一切是否正常。然后我就会告诉她咖啡机的事情，她再谢谢我提醒了她。她应该学一学怎么建立融洽的关系，还得弄明白为什么要首先建立这种关系。这么处理一则投诉可能不是什么了不得的大事，但是她的做法会削弱这个品牌的声誉，尤其是在竞争激烈的酒店行业里。

还有另一个相关的问题：服务业的从业者们为什么会觉

得，以一声居高临下的"知道了"来开启互动可以建立起融洽的关系？如果企业管理者知道员工是如何抹黑了自家的著名品牌，他们肯定会感到失望。要是你去看看它们的广告，你会发现它们并不觉得自己是那副样子。

我听过一些了不起的故事，故事里的主人公们在与客户或者其他人交往的时候都会尝试首先表达对对方的感谢。其中最神奇的一个故事是关于维多利亚·霍尔茨（Victoria Holtz）的，她和我一同写作了《投诉是礼物实践手册》一书。霍尔茨住在墨西哥城，当地的绑架勒索事件并不罕见。在她的第一个孩子快要出生之前，她的丈夫被绑架了。她接到绑匪的电话，向她索要赎金。对方说："你丈夫现在还是平安的。"如果是你，你会怎么做？霍尔茨深吸一口气，沉默良久。她知道自己接下来要说的这句话肯定是她说过的最有分量的一句话。

当时，"礼物公式"从她脑海中一闪而过。她尽力使自己的声音听起来真诚而又充满感激，她说："谢谢你们没有伤害他。"停顿了一下后，她接着说，"你知道吗？他快要当爸爸了。"电话那头变得安静，谈话以一种完全不同的方式重启了。她的丈夫就和绑匪待在一起，据他所言，气氛当时就变了。在更多的对话之后，绑匪毫发无伤地释放了她的丈夫，也没有再要赎金。我曾听霍尔茨在现场讲过这个故事，听她亲述发生的事情会有更多的感触，那太让人印象深刻了。你可以在《投诉是礼物实践手册》中读到这个故事。

说"谢谢"并不足以解决任何投诉问题，但这是建立融洽关系的基础。当你说"谢谢"的时候，你不仅是在解决问题，还能引导客户回到从前，重新回想起最初购物时的好心情。你要解决他们的情绪问题，不要让他们总是陷在自己买了个次品的意识当中。相反，你要与客户建立融洽的关系，要确信你从他们那里得到的是份礼物。

在房地产领域，保持关系的融洽更是至关重要。如果房产经纪人和买家之间没有建立起高度的友好关系，房子是不可能卖出去的。有了融洽的关系，买方就会对这个过程产生信任，就会明白，当他们做出生命中最重要的购买决策时，会有人来保护他们的利益。《信托法》（Fiduciary laws）明确了对这种关系的约定：买家的知情权必须受到保护，代理人有义务披露有关房产的所有重要信息，绝不能为了出售房产而蓄意误导。这一切都有利于建立买卖双方之间的联系。但很显然，要建立融洽的关系，仅仅是遵纪守法还不足够。在处理投诉（或问题以及反馈）时，客户和服务代表之间的融洽关系是需要去培养的。

顺便说一下，我们提到的作为乔迁礼物的那本桌边画册并不是真正的礼物，尽管它可能是本不错的书。真正的礼物是画册背后所蕴含的思想。客户投诉也是如此。投诉本身不是礼物，真正的礼物是与客户之间的讨论，是投诉处理者通过解决问题来帮助客户，并尽可能使其保持忠诚的过程。如果投诉处理者将对话视为机会，而不是急着下判断——"他们就不能快点说吗"或者是"我还得跟他们解释多少次"，事情就会有转机。这种关于投诉的思维模式会极大地影响人们处理任何一种投诉事件的方式。即便客服代表们没有意识到自己的思维会如何影响行为，这种思维也依然非常重要。

举一个相关的例子。英国金融服务管理局（Financial Services Authority，FSA）是监管金融服务业的政府机构，它对英国的银行集团做了一项调查，以了解银行是如何处理客户投诉的。金融服务管理局的任务是确保银行"公平对待"其金融客户，但调查结果显示，大部分银行对投诉的处理水平都很低。这个结果与思维模式之间的关系就在于：金融服务管理局发现，公司领导层对投诉的看法会直接关系到客户所享受的待遇。换句话说，客户能够觉察出组织到底是将投诉视为礼物，还是把它当成一件避免不了的坏事。

金融服务管理局往前推进了一步，继而确定了致使投诉处理不当的三个驱动因素：

● 在银行的文化中，来投诉的客户并不是重点。

- 银行执行委员会的会议并不讨论投诉问题。
- 银行高管没有积极参与投诉处理过程，而只是检查该过程是否符合既定程序。而这种既定程序是官僚性的，它并不关注客户对于投诉处理的满意度。

金融服务管理局的基本立场是，企业如何处理投诉与它们对待客户的总体情况相关。我完全同意这一观点。长期以来，我一直认为，如果一个机构能处理好投诉，那它肯定也能提供不错的客户服务，也能公平地对待自己的客户。金融服务管理局指出，投诉处理是一个"非常明显的指标，它能说明一家企业是否在意客户受到了公平的对待"。

· 简要说明你为什么会对客户的表述感到高兴

如果只是说"谢谢"，听起来就会感觉有点讽刺，也没什么价值。你需要说说投诉对你而言意味着什么。比方说，这个投诉能帮你更好地解决这一问题，改善你的服务流程，以确保其他人不再遭遇相同的困境，"感谢你的发言""谢谢你，真高兴你把这些告诉我，这样我就能帮你解决掉这个问题了""谢谢你，我很高兴你能跟我分享这些，因为它让我们有机会改善自己的服务或产品——而这就是我们的立场"，或者"我们能做得比这更好，谢谢你让我知道这一切"。

就算你永远都不会这么说，也要在心里原原本本地保持这样的想法。"谢谢你告诉我。真不敢相信有多少客户是在觉得不满的时候一言不发就直接离开了，我们很可能就失去了这些客户，而且还会不断地重蹈覆辙。不仅如此，他们还会把这些事情告诉别人，而我们却无法为自己辩护。但是，我们希望修正这一点，因为我们重视与你们之间的商业往来。我们正努力将每一个客户都发展成长期客户，以便更好地拓展业务并为您服务。此外，你还提醒我们曾经做过哪些承诺，所以我们真的很感谢你能站出来说出这些。谢谢，谢谢，谢谢。"这就是"投诉是礼物"的思维模式。要把这一切宣之于口或许稍显夸张，但如果你能牢记这种态度，那么哪怕是缩略版的"谢谢你告诉我这些"，也足够传达你的观点，强化你认为"投诉是礼物"的信念，同时也能帮你与客户建立起融洽的关系。

有些投诉是以简单评论的形式提出来的。比方说，价格。大多数客服人员都会告诉我，这是最难处理的一种投诉。坦白说，许多服务代表都会跟我说，他们私下里是赞同客户对价格的评论的。有的人甚至会说："我赞同。这价格太离谱了，即便我有员工折扣，也从不在这买东西。同样的东西在开市客只要一半的钱就能买到。"如果希望客服代表别这么说，你就得确保他们有别的话可说。通常，客服代表也不知道企业为什么会这样定价。

要帮助员工识别这种类型的投诉，就要让他们知道，客户很少会说"我要投诉你们的价格"。相反，他们会这么说："天哪！你们的价格和……相比真的很高"或者"这一年你们的价格可真是涨了不少啊。"有时候他们又会非常直接："开玩笑吧！这么高的价格！这么贵！"这类陈述都属于投诉，此时正是使用"礼物公式"的绝佳机会。"非常感谢您来问价，这样我才有机会向您解释。""问"是这里的关键词。当然，在这之后，你得证明客户花这份钱买东西是有价值的。

我在许多研讨会上都讨论过这个话题，我发现大部分人都没法解释企业的定价策略。他们甚至从没想过要去证明这么定价的合理性。企业要准备好一份价格说明，然后确保每个要接触客户的员工都知道如何回应他人对价格的质疑。如果你是要面向客户的员工，又不知道怎么处理关于价格的投诉，请向你的经理或主管人员求助。也许他们也没考虑过这个问题，但他们得去考虑。

问问销售专家们是如何处理价格问题的。他们通常会说，要聚焦价值。你或你的企业要出售产品，客户所支付的定价和他们能获取的价值应该是相匹配的。当然，你得描述出那个价值到底是什么。肯·杜利（Ken Dooly）是一位从业二十多年的资深销售作家，他也赞同这一观点。他建议，当面对定价异议时，要把重点放在价值上。如果客户已经买了一件产品，但又来吐槽它的价格，他们的言下之意就是这东西不值这个价。或许现在这个产品出现了损毁，也可能它没法正常工作了。但是，还是要把谈话拉回到产品价值上去。

客户可能只投诉了一个问题，但他们会觉得自己所花的钱是和整个产品都相关的。例如，客户可能会投诉自己新买的计算机上有一道小小的划痕，也就是说，这个划痕意味着他们买计算机所支付的全部 3 500 美元都白花了。也许他们也不是介意这道划痕，而是他们在另一家店里找到了同样的产品，价格要便宜 500 美元，而你保证过可以退货。在处理任何一种投诉的时候，都要仔细询问并且倾听，这样你才明白下一步要怎么做。顺便说一下，通过小组讨论的形式来处理投诉是很好的方法，因为每个人都能从中收获一些经验。

·简短而真诚地道歉

之前你说了"谢谢"，与客户建立了融洽的关系，为了保持和加深这种关系，你还需要为对方认为是你犯下的错误而道歉。但是，不要一上来就道歉。你可以先说："谢谢你，非常感谢你告诉我这件事。"然后停一下再道歉："我能向您道个歉吗？真的很抱歉，让您经历这一切。"

2015 年的《全美消费者愤怒研究报告》曾询问过 1 000

个客户，当他们投诉的时候，他们最想得到什么。有 75% 的人表示想要一个道歉，但仅有 28% 的人实现了这个目标。当年这份研究报告所得出的结论是：在解决投诉问题的时候，用金钱补偿辅以表达歉意的补救措施，能让投诉满意度将近翻一番，从 37% 跃升至 73%。当客户来投诉时，即便客服代表说了抱歉，他们可能也听不到。客户可能会说："根本没人道过歉啊！"但实际上对方确实道歉了。这有可能是因为客户太过沉浸在投诉的愤怒中，而对道歉的声音充耳不闻。这也是为什么我们在写信回应投诉信息的时候，最好能在接近开头的地方先道一次歉，然后在信件收尾处再道一次歉。

许多组织要求员工首先道歉。假如你们公司这么规定了，那么除了道歉，可能你也别无选择。但是，先说"谢谢"，会在说话者和听话者之间拉起一条双方都可参与的沟通链，这对打开局面是非常有效的。当我听到"谢谢你告诉我这些"时，我觉得会有人来为我做点事情。而如果我听到的是"非常抱歉"，那么我会觉得这就是我能得到的全部了——而对方之所以肯来道歉，也就是因为这个。

如果你是真心想来道歉，那就尽量使用"我"而不是"我们"。"我们很抱歉"，这种说法听起来不太诚恳，那些需要你去道歉的人甚至都不知道发生了什么。曾有客服代表问我，如果客户明显有错，自己为什么还要说对不起，"如果我道了歉，不就代表我要为客户的行为负责吗"。营销策略师伊利斯·多普森（Elise Dopson）是这么解释的："道歉并不总是代表你是错的，而对方是对的。道歉只是代表相比于你的自我意识，你更在意彼此之间的关系。"我很欣赏多普森的解释，因为她似乎在陈述一件非常显而易见的事情：我们的自我意识对于投诉的处理是有碍的。

人类会为各种无须他们负责的事情说抱歉。假如你要对一个家中刚有人去世的人表达问候，最自然和有礼貌的方式就是说一句"我很抱歉"。这么说并不是因为你导致了对方家人的死亡，而是在说你对这个人的这份经历感到遗憾。这与过错或者指责无关。同样，当我们告诉客户我们对所发生的一切感到抱歉时，重要的并不是谁对谁做了什么，或者谁导致了那些事情的发生。我们希望这一切没发生过。客户会理解你的关切，也会喜欢你充满同理心的表达方式。如果你压根儿不觉得抱歉，那有可能是因为你已经工作得太辛苦了，需要休息一下。缺乏同理心是倦怠的表现，而处理投诉的人经常会感觉压力重重，并最终精疲力竭。

倘若客户能得到一份措辞得体的道歉，那么就算他们遇到了问题，也不太可能会更换供应商。客户们说，只要对方肯道歉，不管遇到的是什么麻烦，他们都不会感觉太糟。很显然，道歉不仅是简单的几句话而已，它是一种实实在在的付出。

关于如何措辞，还有一点需要注意。不要说："我对由此造成的一切不便感到抱歉。""不便"是一种模棱两可的说法，它不足以描述某些客户所经历的情况，它所表达的是麻烦或不适。但有时，组织给客户造成的"不便"可不只是"麻烦"那么简单，它们可能是非常重大的问题。我曾花过五个小时在一家急症护理中心等待就诊，因为我的脚踝疼得非常厉害，甚至没法走路。当他们终于叫到我的名字时，我告诉他们我已经等了五个小时了。护士回答说："很抱歉给你带来了不便。"拜托，五个小时，忍着剧痛坐在那，没有一个医务人员来问过我一句，这可不只是什么"不便"。这种医疗服务简直糟糕到令人发指。

当叫到我的名字时，我被安排到另一个候诊室，等候医生来给我问诊。当我指出这么长时间的等待不仅是一种"不便"时，护士问："嗯，你有没有注意到医院里有大量的传染病患者？"有，我当然注意到了。但是，如果有人能走到我面前，为我的等待表示歉意，再问问我需不需要喝水，并且告诉我他们正在尽力、尽快地为我提供服务，那就更好了。尽管当医院很忙的时候，患者等上五个小时也在所难免，但是，医院的工作人员表达一下同理心，会让人感觉好受点，毕竟前台那位女士说过不会让我等太久。许多服务提供者不明白，为什么轻描淡写地将其描述成"不便"并不能补偿这样的等待。他们应该这么说："我对发生的事情深感抱歉。我想忍着脚痛在这等了五个小时，你肯定难受坏了。请接受我的关心和歉意，这本不该发生的。"

如果道歉合时宜，大部分人都会接受的。不要夸大你的歉意，但有时候，我们的确得为自己犯下的重大过失负荆请罪。你可能听说过美国联合航空公司（以下简称"美联航"）的风波，事发当晚，机场保安把杜大伟医生（Dr. David Dao）从一架晚间航班上强行拉了下去。这是个令人困惑的情况——航班超订，没人愿意主动离开，接着公司选中了杜大伟，要求他改乘次日早间的航班。他拒绝起身，并表示自己必须搭乘这个航班，因为他第二天要去肯塔基州（Kentucky）的路易斯维尔（Louisville）见患者。不幸的是，杜大伟还是被保安强行带离了飞机，他带着满脸的血迹被拖到过道上，又被拖下了飞机。这是好几年前的事情了，但现在你仍能在互联网上看到这段视频。

在美国法律上，航空公司有权在座位不足的时候要求乘客下机，因为公司要把位置让给工作人员，再把他们送往另一机场，以支援其他机组人员不足的航班。美联航首席执行官奥斯卡·穆尼奥斯（Oscar Munoz）的第一份道歉声明是这么说的："此事件令全体美联航人深感不安。我对被迫需要重新安置的乘客表示抱歉。"这份道歉声明令美联航成为千夫所指的对象，因此，在之后的数天中，大部分新闻媒体上充斥的都是"你能相信吗"这种论调的报道。

而穆尼奥斯的第二份道歉声明看起来就谦卑多了。

"此事的确非常可怕……所以它才会引发大众的诸多愤慨、恼怒及失望的反应。对于这些反应，我深有同感，而其中最为重要的一点是：我要为所发生的一切向大家致以最深切的歉意。和大家一样，我的不安至此仍未消失……我向这位被强行带离的乘客及机上所有其他乘客表示抱歉。任何人都不应忍受这样的暴行……为此，美联航将负上全部责任，我们会努力改正我们的错误。做正确的事永远不会太晚。我也已经向我的员工们承诺，我们会修复现有的问题，使其永不发生。"

在这封道歉声明发布之后，媒体终于愿意放美联航一马了。我是美联航的常客，而我也收到了穆尼里奥发来的一封个人邮件，措辞略有不同，他在邮件中传递的是这样的信息："亲爱的巴洛女士，本周我从客户那里听到了许多愤怒和失望的声音，这些不满都是可以理解的。作为我们最为珍视的客户之一，我希望你务必能够直接听到我的心声。"这是非常经典的一个处理案例，而我直到现在仍在乘坐美联航的航班。

关于道歉，我想说的最后一点是：道歉不要说太多次。

研究人员发现，展示你会如何解决客户的问题，比一个劲地道歉效果更好。如果你只是一个劲地道歉，它能带来的作用很快就会烟消云散的。道歉和建立关系这两件事，要在刚与客户开展对话的时候做。

著名的客户服务思想领袖贾迪普·辛格（Jagdip Singh）说："用什么解决方案不是最关键的——关键在于如何实现这一方案。"客户希望前来回应的服务人员能够"感知、寻找并解决问题"。辛格建议服务提供者要意识到当前的局面，寻找潜在的解决方案并为客户带来最理想的解决结果，这会提振客户的信心。虽然道歉是必要的，但有时候我们可能也做过头了。一旦客户接收到了你道歉的信息，你就得着手去做你该做的事了。纽约卡岑巴赫合伙人公司（Katzenbach Partners）的顾问们发现，在客服中心里，表现平平的员工总会为自己做不到的事情道歉，而"表现优秀的员工则总能实实在在地提供帮助"。

· 告诉客户你会怎么做

这就引出了建立融洽关系的最后一个部分，也就是告诉客户你会怎么做。建立关系这一部分可能是最简单的："我向你保证，我会尽我最大的努力尽快解决这个问题。"假使你已经感谢了客户的直言不讳，也果断地道了歉，并与对方建立了良好的关系，这时候你就可以给出许多种不同的回答，而这也是客户所希望看到的。你可以这么说："我马上就处理这件事"，"我来看看我能做些什么"，"我可以解决这个问题，请再给我几分钟"，或者"很高兴你能打电话来，我会尽我所能为你提供满意的服务"。

常有客户说他们希望会计师事务所的服务人员能更加专业，但是他们也表示，这并不是他们在选择事务所时最看重的因素。虽然专业和知识非常重要，但是对方是否具备同理心、是否能照顾到客户的需求也是决定他们去留的重要原因。如果客户相信有人会来帮他的忙，而且关系也已经很融洽了，他们就能放下心来。不过，在这个时候，你就得真正做点事情。

服务补救包括两个方面：情感层面和有形层面。情感层面的修复可以提升人们对不良现状的感受，而有形层面则需要人们真的采取行动去解决问题。有形的回应关系到一些具体的行动、金钱以及时间步骤，尽管某些时候，你要做的就只是帮客户找到答案那么简单的事。建立融洽的关系属于"礼物公式"中无形的情感反应的一部分，这部分实施起来很容易，除了已经支出的人力成本，不需要再额外支付任何费用。但遗憾的是，正因如此，企业也很容易低估它的重要性。

当你刚开始尝试去建立一段融洽的关系时，你可能会觉得自己笨手笨脚的，因为那么说很不自然。你可能会磕磕巴巴，要花点时间才能把想说的话都说出来。但随着练习，你的表达会更流畅、更真诚，也更恰当："谢谢您打电话告诉我们发生了什么事。对此我深表感激，因为现在我终于可以为您做点什么了。给您带来了麻烦，我真的很抱歉。下单的是一个尺码，收到的却是另一个，这一定让您很不好受。我一定尽快给你换到合适的尺码。顺便说一句，那件衣服真的很漂亮。"

通过解决对方的问题来恢复服务

按照"礼物公式"中的第一个步骤，你应该已经和客户建立了良好的关系。首先，你感谢客户能前来投诉，并说明了为什么你对他们的表述感到高兴。你简短而又真诚地道了歉，接着告诉了客户你会为他们做些什么。以上所有都是由你发起的。在第二个步骤中，你需要从客户那里得到一些东西。

· 要求提供信息

客户给你带来的是一份礼物，这种观念是你要求对方提供信息的基础。你们之间已经迅速建立起了良好的关系，所以对方也知道你会跟进事态的进展并为他们做点事情。但是你需要信息，可以这么说："为了更好地为你服务，能否请你提供一些信息？"不要说："请给我一些信息，否则我帮不了你。"在这一点上，你才是那个需要帮助的人。

只问必要的信息。在这之前，你得首先清楚需要获知哪些信息才能帮到对方，确定这一点应该是企业处理投诉过程的一部分。确保该问的信息都问到了，否则你将不得不来来回回不断地追问对方，或是迫使客户重新联系你。有时在询问信息的过程中，你会明白困扰客户的到底是什么。他们可能会提到某一点，并且觉得自己说得已经够明白的了，但在问过几个问题之后，双方都有可能发现真正的问题不在于此。

· 尽快解决这个问题

尽快纠正错误，这非常重要，所以，要表现出一种紧迫感。客户能看出或感觉出你的处理速度，而这也是他们判断你有没有在努力工作的一个指标。尽快处理也有利于你恢复与客户之间的关系平衡。快速响应能说明你对服务恢复的态度非常认真。假如问题没法被快速解决掉，你要与客户联系，并让对方知晓当前的处理进度。

· 跟进满意度

有时候，客户只是想让你知道发生了什么事，而并非想从你这得到什么实际的东西。他们也许会说："没关系，你不需要做任何处理，我只是想确保你们公司的人知道这件事。"有时他们也会说："我只是希望这种事情以后不会再发生。"如果你为了处理投诉而采取过实际的行动，就要跟进一下对方的满意度。

商业研究者们发现，大部分客户都期望重大物质失误——比如订单损坏、货物损毁或是产品没能依承诺按时交付——能够得到纠正，最好在这之后，还能加上一个真诚的道歉。大部分人在要求你修理一台故障计算机的时候，并不指望你能为他们被浪费掉的一整天工作时间做出经济补偿。一般来说，大部分在餐馆投诉的食客都希望自己的问题能真的得到解决（比如肉煎得太久了，鸡蛋煮得太过了），然后当餐品被换掉的时候，对方还能真诚地道歉。只有少数食客期望得到赔偿，这与人们普遍认为的客户投诉是为了不劳而获的观点并不一致。对印度与美国食客的比较研究也指出，不同国家或文化下的客户对于服务恢复的满意度认定标准是不一样的。例如，印度客人更希望得到道歉而不是退款，而美国客人则更希望得到赔偿，比如免费的甜品。简而言之，不是所有人都觉得赔偿就是最好的。

假如你能做点回访去跟进客户的满意度，就更锦上添花了。跟进，给客户回电话或是给他们发电邮去了解情况。如果你这么做了，客户会惊讶得从椅子上摔下来，因为很少有组织会这么做。在恰当的时候，告诉对方你采取了什么措施来预防这种情况的发生，这样他们就会觉得自己帮你优化了业务流程，进而感到满意。这时你需要再次感谢对方与你联系，这种由于简单联系所形成的合作关系很可能会持续多年。

你可能会说这太费时间了。事实上，你只需要给对方简单打个电话或是发封电子邮件，但是客户却会将此铭记于心。如果电话被转接到语音信箱，你也可以留个口信（我们在《投诉是礼物实践手册》中有一个很好的活动，就是关于如何留口信的）。你不一定非得和对方当面交谈。假如你有机会改变这种关系，让客户觉得自己是在与你合作，那么他们就会感到时间和金钱花得很值。从这个角度来说，这就不再属于投诉处理的范畴，而是以投诉为起点的一种营销和销售。

如果客户告诉你他仍不满意，这就意味着你拥有了第二次机会——也就是第二份礼物——来解决他的问题。客户遇到问题，并且告诉了你——这是第一次失望。尽管你做了努力，但不管你怎么做，都达不到对方的期望，这是第二次失望。

我用一个案例来说明这个问题。我有两块 Vitrazza 品牌的玻璃椅垫，它们比塑料办公垫漂亮得多（也贵得多）。不幸的是，其中一个垫子从我办公室的木地板上移位了。我给

Vitrazza 发了一封电子邮件，并立即收到了回复："感谢您联系Vitrazza！"客服代表建议我用小橡胶片来固定垫子。我回信说这似乎不管用，并且问他能不能推荐点其他的方法。在之后的一封电子邮件中，对方写道："我留意到你是在一年前下的订单，也许我们新出的稳定片能帮助解决这个问题。如果你想试试看，我很乐意送你几套。"

天哪！我都没说过我是什么时候买的垫子，连我自己都不记得是什么时候买的了，但是客服代表不用问就知道。这封邮件所告诉我的是：Vitrazza 在客户服务的每个细节层面上都有考虑。它并不只是着眼于创造一个出色的产品，它要保证自己是在为客户服务的。只要超过保修期的时间不长，它都会愿意适当为客户延保。如果我没有联系该公司，没有给它们这个机会，我就永远不会知道它们的答复会让我激动成什么样。而且它们寄过来的新品稳定片是有用的！这是潜在的负面评价变成正面口碑的绝佳实例！

在组织内部解决这个问题，避免再次发生

你已经与客户建立了融洽的关系，也解决了特定的问题。现在你与你的组织要从投诉中吸取教训。毕竟你也不想总犯同样的错误，总听同样的投诉。所以，是时候来管理投诉了。

你通过建立关系和解决问题的方式处理了投诉，现在你需要
管理它们。要确保投诉在组织内部中得到解决，以避免其再
次发生。

检视一下你的流程。该问题是如何发生的？是的，毫
无疑问，是由人员所致，但是，又是什么样的流程导致了客
户的不满？如果客服代表知道投诉的功能是帮助组织改进而
不是惩罚员工，他们就更有可能上报投诉的内容。此处有一
条非常实用的指导方针：着重修复系统，而不要急于指责别
人。要让投诉真正成为一份礼物，就必须要找出问题的根源。
惠普公司（Hewlett-Packard, HP）在加利福尼亚州库比蒂诺
（Cupertino）的客户满意度部门有一位高管，他曾说过一句
话，这话迄今为止仍然适用："我们可以说自己一直以来都在
倾听，但直到我们采取行动，事情才算是真正开始。"长期以
来，惠普公司一直在记录客户投诉，据此判断市场趋势，并
利用这些信息来提升质量。

例如，假设你的公司审核发票付款的周转速度很慢，使
得公司内外都怨声载道，在这种情况下，你们就需要审视，
或者是重新设计系统，以便改善客户服务。如果只是因为延
误而向客户道歉，或是威胁员工快一点，再快一点，都有可
能引发意料之外的不同问题。要把大大小小的问题拿到团队
中来讨论，这能更好地避免问题再度发生。除了少数例外，

大部分行业都将投诉视为一次性交易。他们并不将它看作一种免费的信息源，也不会用它来长期、持续地改善质量。如果仅由客服代表来处理投诉，那么投诉的价值就没有得到充分利用。而为了充分利用这份礼物，企业需要建立起健全的机制来帮助自身做出改进。

✎ 核心信息

如果要坚定地培养"投诉是礼物"的思维模式，就要让每个组织成员都按照这样的思维来说话。

礼物公式的关键在于感谢客户说出了他们的不满。

建立融洽的关系——理解别人及他们的感受——是开始处理投诉的最佳方式之一。

说"谢谢"是与投诉客户建立融洽关系的基础。

公司领导层对投诉的看法会直接关系到客户所享受的待遇。

对高价格的评论是一种变相的投诉，要把它们当作投诉内容来处理。

许多客户对道歉的声音充耳不闻，所以，要道两次歉。

不要过度道歉。如果客服代表一直道歉，就会让人感觉他们除了道歉不会做任何事情。

在处理投诉的时候，速度很重要。

如果我们不在组织内部解决掉问题，重复的投诉就会连绵不绝。

💬 讨论提示

在何种情况下使用"礼物公式"会存在困难？为何会有困难？

哪些问题会惹恼投诉的客户？你是如何知道的？怎么才能在不惹恼他们的前提下问出这些问题？

要解决投诉问题，需要从客户那里得到哪些信息？你是否曾经问了过多的问题，而这已经成了一种组织惯例？

你会如何向客户询问所需的信息？这是你在与客户寒暄之后会做的第一件事吗？

当客户来向你投诉时，你可以问什么样的问题来了解他们的需求？

你如何获知客户在投诉处理结束后的满意度？

你是否能确定从客户那里学到了什么？你会如何分享这些信息？

如果你真的认为投诉是礼物，这种思维模式将会如何影响你与客户间的互动？

你是否会对客户进行回访，确保一切都已处理妥当？有没有人会打电话跟进后续进展？如果你跟进了，会产生什么样的影响？

你是否尝试过使用"礼物公式"？你注意到它引发了怎样的反应吗？

第五章

最大化地利用
"礼物公式"

如果你能更好地理解成功处理投诉的基本机制，你就可以开始将要处理的投诉看作一个有待解决的难题。每个投诉都不一样，正如每个难题各不相同。有的题很容易，有的题则很难。我遇到过一个在艾奥瓦州锡达拉皮兹市（Cedar Rapids，Iowa）工作的区域客服中心投诉处理员。他非常出色，而且乐于受理那些最为复杂和困难的投诉。他的某个同事请他帮忙应对一位既愤怒又不安的客户，他听到的时候简直两眼放光。这个客户打来电话要求公司对一个特别棘手的情况负责，而这正是这名员工的专长。他接过电话，经过一番交流，对方心满意足地挂了电话。

是什么造就了这样明星级的客服代表？许多服务行业的工作人员都会将投诉和负面反馈视为对自己自尊的威胁，而这位投诉处理者对投诉则有着不同的认识。不难看出，许多服务人员都对诸如"我要走了，再也不回来了"这类威胁式的反馈有消极反应。因此，他们在听取客户信息的时候将信将疑，想方设法证明客户不诚实，或者去指责制造问题的人——如此循环往复。

怎样才能找到出路呢？坦白说，这主要得看客服代表。我们都期望客户能理性处事，保持冷静，但最终负责解决问题的人还是投诉处理者。我们可以为投诉处理者提供一些培训或是传授一些经验。不过这还不够，要了解是什么在推动这种交流，这样才能避免对话进入死胡同。假设服务提供者能够专注于如何化解交流的症结，而不是被情绪所绑架，那么，导致不满的负面沟通链就有机会被打破。记住，客户和客服代表是在交换信息，所以最好的做法就是使用"礼物公式"，来解开这条负面的沟通链。

以下列出了五个策略，来帮助你充分地使用"礼物公式"。这些策略能更充分地激发你对这一公式的使用过程。当中有些部分要求我们理解投诉的复杂性，还有些部分则是简单的操作建议。

建立积极的沟通链

沟通链指的是一种相互关联的交流，它包括语言沟通和非语言沟通。积极的沟通链大多是可预测和直截了当的，例如以"早上好，你好吗"开启对话，并得到"我很好，谢谢你。你好吗？"这样的回应。在这个过程中，人们并未交流任何具备认知意义的东西。但是，他们会利用肢体语言、自信、注视对方、保持微笑等行为来展示开放的心态，所以，他们仍然在此间分享了一些重要的情感。他们传达了对彼此的积极意图——一种融洽的状态。

大部分人都希望能维持积极的沟通链，因为这根链条一旦中断就会导致问题。假如你说："早上好，你好吗？"而对方回答说："不好，如果你是我，你也不会觉得这个早晨有多美好。"这个时候，你们之间的沟通链就会变得消极。当客户带着愤怒和敌意前来投诉，要是我们回答"如果你这么生气，我可帮不了你"，就会将消极的沟通链延续下去。

虽然在这个时候说"谢谢"的确很奇怪，但是客服代表依然可以停顿一下，说上一句"谢谢"，接着打破消极的沟通链。在这种情况下，你可能会想在"谢谢"后面加上一些小短语，比如"哦，我的天哪，这真的太糟糕了。谢谢你能来。发生了什么事"。对客户表达感激可以打破消极的沟通链，或者至少也可以推动它往积极的方向转变，而一旦有了这个开头，人们就会倾向于把这种积极的沟通延续下去。

那么，说了"谢谢"之后，又该做点什么呢？所有文化背景下的人都会教导自己的孩子，哪怕不喜欢别人给你的东西，比如青豆，你也要向对方说"谢谢"。除此之外，如果别人跟你说了"谢谢"，你得回一句"不客气"，这样就能将积极的沟通链延续下去。如果孩子送给大人一份礼物，大人会说："哦，谢谢你。"接着，父母就会点点孩子，说："来，跟他说'不客气'。"如果孩子照着做了，大人就会开心地笑起来。这种互动鼓励双方进行积极的沟通，融洽的关系也因此而产生。

我发现，当有人对你说"谢谢"的时候，你很难不说"不客气"。这种呼叫与响应式的沟通链已经深深根植在人们心中了。但是，就算有人引入了消极的沟通链，或者积极的沟通链被打破了，客服代表也不是非得开启防御或是感到受伤，我们是有选择的。在第七章中，我们会讨论一系列类似的情况。但让我们先从这个想法开始：我们可以选择建立融洽的关系，也可以觉得受到了攻击并且开启防御。

假如我们能培养一种习惯，即在听到投诉的时候，下意识地认为是看到了一份礼物（也许包装得不怎么样，但它终归是一份礼物），然后自动说出"谢谢"，又会怎么样呢？这份感激之情会让怒不可遏的客户感到错愕，然而，对方可能还是会努力放缓脚步，说上一句："不客气。"现在就看服务提供者的了，你得表个态，来重建融洽的关系："我真的很高兴你愿意说出来，很抱歉发生了这样的事情，我会尽我所能帮助你。"这就又新建起了三条积极的沟通链。客户肯定会想方设法打破这种积极的链条，保持消极的状态。有一次，我跟一位客户说了"谢谢你"，他却对我说："天哪，你竟然真的要帮我！那我得放下我的愤怒。"是的，确实如此。

要怎么做才能让一个人习惯于建立这种积极的沟通呢？你得多练习，在听到投诉的时候，一有机会就跟对方说"谢谢"。如果有人向你询问信息，也要这么说，虽然这种情况下说这种话并不完全合适，可能还会让人觉得有点儿怪。去说这句话，直到它成为你听到投诉时的习惯性反应。

帮助客户了解情况

毋庸置疑，客户向客服代表发出的每一则投诉都具有两面性。在开启投诉交流的时候建立积极沟通的行动链，有助于帮助客户了解整个情况。当你处于投诉处理的第二部分——询问信息时，你所分享的就是对于对方的理解。

许多组织在开始处理投诉时都要问上好几十个问题，这常使客户不胜其烦。"你刚才说你叫什么"，"怎么拼？你能再拼一次吗？我刚才没听清"，等等。当聊到产品问题时，你又要问产品是什么型号，什么时候买的，序列号是多少。如果你必须通过这些问题来了解客户的信息，那就先迅速道个歉："很抱歉，我得问几个问题，这样我才能登录你的账户。"然后，感谢客户为你提供这些信息。

客服代表该问的下一个问题是"我能怎么帮助你呢"？而

不是"现在，你有什么问题"？通过这个提问的过程，你有可能会发现对方的电子设备已经过了保修期了。接着你就可以说："你知道这件事吗？"客户可能会说："不知道。现在我该怎么办呢？"你得有可行的替代方案，或许你还可以替他们排个序。一定要给出方案，并且尽可能地提供帮助。客户有可能会感到失望，但他们也会明白，对你发火也不能帮他们达成目标。

如果相关的担保仍在有效期内，你可以直接问问题。要做笔记，这会让对方感到他们的信息对你很重要。如果你们是在电话里沟通的，也要告诉客户你在做笔记，这样就不会漏掉任何一条有用的信息。不要想当然地认为对方肯定知道你做了笔记。坦白说，大部分人都知道，好记性不如烂笔头。如有必要，把听到的内容重复一遍，并在沟通中断和结束的时候迅速说声"谢谢"。提一些试探性的问题。当所有问题都提完以后，问问对方还有没有什么要告诉你的。如果你对产品和流程都烂熟于心了，或许这时候你就已经明白了客户为什么会来投诉，但是还是要确认一下。

假如顾客在投诉时喋喋不休，说着自己当时正在见客户，而计算机偏偏坏了，那个时刻他是何其崩溃。请你保持积极的沟通链，说些诸如此类的话："我能想象。这对你来说一定糟透了。我很抱歉。好吧，我们来解决这个问题，以后不会再发生了。"这时候,你就是在重建融洽的关系。

多问问题。如果你需要问一些试探性的问题,提问的时候要温和,因为这些问题通常都更为直接。你可以说:"我能这么问吗?我想了解你的想法。我感觉你认为这不太公平。可以跟我说说这是为什么吗?"你可能会从听到的答复中学到很多东西。也许你给不了客户他们想要的东西,但你还是可以尽量倾听他们的意见。你们双方是在交换礼物。你的礼物是客户的反馈和回答,而客户的礼物则是你的倾听。一定要问对方:"我要怎么做您才会觉得受到了公平的对待呢?"就算对方所要求的东西你依然无法给予,但你至少也能把这个信息传达给组织,而组织可以从这种情况中得到经验并做出调整。

记住,当到了"通过解决问题来恢复服务"的这个阶段,你们双方都会更多地调动自己的思考脑,而不是情绪脑。当你能做理性思考的时候,处理起投诉来就不会那么容易被情绪所裹挟了。

▇▋ 学习一些快捷方法来处理反复出现的投诉

面对反复出现的投诉,要学习一些处理坏消息的最佳及最快的方法。通常情况下,当某事反复发生或者传播面很广时，就代表着会有许多人就同一问题来电或是写信，所以，你也要准备好针对这种特定问题的最佳行动方法或是沟通链，以便整个客服团队的回应能够保持统一。

TCL6系列电视机产品搭载的是谷歌公司（Google）的电视软件，这是一款非常昂贵的全新产品。该产品在2021年年底遭遇了严重的问题，原因是其"用户界面漏洞百出，运行迟缓"。百思买公司（Best Buy）因此而收到了相关投诉。TCL公司曾试图通过更新来解决软件问题，但似乎都不起作用。鉴于投诉该产品的买家越来越多，百思买公司决定撤下这一产品——至少是暂时撤下。新产品反复出现问题，而TCL需要降低由此对公司声誉所带来的打击。为了处理反复出现的投诉，有时我们确实得用这样孤注一掷的措施。

另一个案例涉及一家大型电信公司，该公司在得克萨斯州奥斯汀（Austin, Texas）有3 500名客户，这些客户每人都有一个在企业内部联系同事的重要号码，但他们却不得不换号。我在美国电话电报公司（AT&T）的联系人辛西娅（Cynthia）描述这是一个"方方面面都很难看的局面"。于是她去了奥斯汀，负责接听所有火冒三丈的客户的来电。除此之外，她还要为当地的客服团队做示范。她使用了"礼物公式"，在通话过程中直接确认客户所关心的各种事宜，而且每次都成功了。她在两天之内接了近80个电话，没有一个用户取消服务。她说，很多人一开始都会说："我打电话只是想告诉你，我是绝对不可能换号的。如果你这么做了，我就起诉你！"最终，辛西娅为全部客户都保留了原先的号码。不难想象，辛西娅每接听一个电话，情况就会改善一点，整个团队亦是如此。每天下班的时候，她都感到浑身是劲，一点也不觉得累。

如果你发现自己所在的团队正面临相似的情况，你们都要处理某个你可能无能为力的问题，比如供应链故障，那么你们一定要相互学习。听听队友们的意见，保持关系的融洽，哪怕这些投诉无法解决。

■ 投诉者对公平性的评价与其年龄间的联系

让我们考虑另一种从"礼物公式"中获取最大收益的方法：关注年龄差异，为不同年龄段的人提供不同的感受，以便他们认为自己确实受到了公平的对待。问题解决过程是否公平对客户而言是至关重要的，尤其当投诉已经处理完毕，沟通也已经结束的时候。此时，你不在客户身边，看不到他们的感受，因为你不再与对方直接沟通了。在这个时候，他们通常会去评价自己是否受到了公平的对待。

人们对公平的判断几乎出自本能。在孩子刚会说话的时候，他们常说的一句话可能就是"这不公平"，通常还是边哭边说的。心理学家认为，一岁大的婴儿就能体验到"不公平"的感受。就满意度而言，"公平"一词在孩童世界里会产生很大的力量，而这种力量也将延续到他们的成年生活中。孩子可能会因为自己只拿到 5 美分硬币，可兄弟姐妹们却拿到了 25 美分而开始争吵。当我们长大成人后，虽然不会再为了 5 美分或 25 美分的问题耿耿于怀，但我们依然会在感到不公的时候大发雷霆。投诉处理中的公平指的是客户是否认为自己的投诉得到了公平的处理，而这种对公平的界定会随着我们年龄的增长而变化。

由此就产生了一个基本的问题：在不同的人生阶段，人们会认为怎样的投诉处理方式才叫作公平？

当然，我们大部分人都能通过观察他人来估算他们的年龄，并据此判断他们对于公平的界定。德国艾希施塔特－因戈尔施塔特天主教大学（Catholic University of Eichstatt-Ingolstadt）的三位教授曾做过一项耐人寻味的研究，而这一想法正是基于这项研究的结果所得出的。在研究中，作者提出了四阶段年龄发展模型的概念，并以此为基础探究了人们在投诉后对公平与否的感受。

重复一下，如果客户觉得自己的投诉得到了公平处理，他们就更有可能复购，并且积极地评价自己的购物体验。这三位德国研究人员概述了对投诉处理公平性的认知差异与客户的年龄之间存在何种关联。

首先，我们把被试者分成 4 组，分别代表不同的年龄发展阶段。我们着眼的是在每个年龄区间里对被试者而言至关重要的各种指标，并不精确到某一个具体的出生年份。这种划分方式很粗略，并不准确，研究者对它们的划分是基于不同年龄段的人在投诉后对公平的感知而确定的。

相邻的两个阶段之间会有几年的间隔，因为人们经历某些生命发展活动的年龄是有差异的。比方说，有的人在 33 岁之前就成熟了，因为某些不得不挑上肩的责任；又或者有的人过了 40 岁还要在某个时期再停留个几年，因为他们在这个阶段的人生体验开始得比较晚。这种差距会为我们思考人们在某一年龄段的经历提供一定的空间，这类信息有助于帮助我们确定要如何从投诉处理技术中获取最大收益。但有一点是确定的，并非所有客户都是一样的。

以下是年龄发展的 4 个群体特征：

- 青年群体（18~27 岁）——这个年龄段的人正忙于计划他们未来的生活。他们试图在社会中找到自己的位置，正因如此，自尊心对他们来说至关重要。他们可能不太自信，所以希望别人能认真对待他们，也希望自己在投诉的时候，对方能表现出同理心。他们希望自己的技术能力受到认可，也希望有机会用上这些技术。

● 中年早期群体（33~43 岁）——这个年龄段的人可能已经成家，职场生涯也略有建树。他们在投诉的时候最希望事情能被快速解决，因为他们没有时间。同时，他们喜欢灵活的投诉程序，希望能自行选择解决方案。你怎么对他们不是他们最关心的，这点和青年人以及年龄更大的人不同。他们只希望你能把投诉处理好。

● 中年中期群体（49~57 岁）——这个年龄段的人会通过私人和职业决定来确定自己的定位。此时，财力更为重要，因为他们要为退休做准备。赔偿是这个群体关注的重点。他们在投诉时，也会表现出自己对经济赔偿的渴望。他们想要明确的结果和公平的产出。他们觉得自己辛苦工作了一辈子，理应获得自己应得的那部分价值。

● 中年后期群体（63 岁及以上）——这个年龄段的人会面临一些重大的生活事件，因此，人际关系对他们而言特别重要。该群体想要的是你会关心他们，重视他们。由年龄增长所导致的种种变化，使他们格外看重自尊心。他们认为服务者应该提供的是一种能让人享受其中的关系，而不仅是服务本身。

接着，这些年龄发展阶段就能与公平的概念之间形成一种逻辑关联。首先，人们评价公平性的依据是投诉程序是否公平、及时并且灵活。公平并不意味着绝对的平等，而是指每个人都能或多或少地得到平等的机会。其次，他们还会判断结果是否公平合理。通常当某种类型的赔偿到位的时候，这一点的作用最为突出。最后，人们还会评估自己被对待的方式是否公平。客户是否觉得投诉处理者展现了同理心、礼貌以及尊重？如果有，对客户来说，这就是公平的待遇。

由于青年群体希望得到及时的回应，所以要用电子设备来处理他们的投诉，因为他们会定期查看自己的电子信息。当今世界的年轻人们从2~4岁起就开始使用电子设备了。不过，虽然他们很在意速度，但在情感上，他们也渴望被对方共情，因为他们还不够自信。同时，因为对自己没有十足的把握，他们会非常希望得到认真和平等的对待。如果你发现他们了解什么，又不了解什么，你可能会大跌眼镜。他们或许已经从父母家搬了出来，但对独立生活或是恋爱关系仍然感到忐忑不安。老道的客服代表能捕捉到这种情感需求，并针对该群体的自尊问题做出回应。

中年早期群体所在意的公平是过程的公平，即过程的迅速、灵活以及可控。服务提供者在面对这一群体的时候要采取主动，当故障发生的时候要提醒他们，也许甚至在故障发生之前就要给他们提个醒。信息不对称对他们而言就是不公平，过程不灵活也是不公平。比方说，如果预约被取消了，要赶在他们前来赴约之前就告诉他们。和青年群体一样，他们也习惯在网上处理问题。处于该阶段的人并不那么在意投诉中的情感体验，因为他们对自己的身份有足够的安全感。

中年中期群体已经经历过很多事情。对他们而言，公平就意味着得到公平的补偿，尤其是当他们正在计划退休的时候。最好能问一问怎么做才能使他们满意，他们会告诉你，而你要认真听。真诚的道歉当然很好，但这还不足够。

中年后期群体并不在意是否能被快速响应，相反，他们希望你能友好点儿，不要催促他们。他们已经历经了世事，对此时的他们而言，关系才是更加重要的。他们可能已经退休或已临界退休的年龄，在你处理投诉的时候，详细解释他们需要做些什么，把他们当作有价值的客户，甚至当他们是朋友。告诉他们你会给他们发一封电子邮件，简要说明需要他们做的事情。要为他们提供独一无二的对待，以此展现你的关切。

这种将对公平的感受与年龄段相关联的方法很有意义，尽管它有点儿微妙。你已经知道了在使用"礼物公式"的时候要如何与以上四个群体建立起融洽的关系，假如知道对方的年龄，你就可以更进一步，深入投诉处理的另一个层面，也就是为对方创造出一种公平的感觉。你可以考虑在互动后在调查问卷中加上一个问题，来评估你是如何根据客户的年龄段来做出回应的。

假如你是要与团队合作的培训师或是管理者，你可以编写一本书，在书当中创建出以不同年龄段的人为主角的投诉场景，并询问你的团队成员会如何处理每个群体的投诉。如果要对客服代表团队做投诉处理的培训，要试着把他们放到自己试图解决的投诉难题中去，这样他们就不会纠缠在与客户的情感冲突之中。相反，这可以帮助他们专注于"投诉是礼物"的思维模式，并为了更有价值的结果而努力——也就是创造满意的客户，把对方拉回到组织中来。

▄▌扩大客户的公差带

公差带（Tolerance Zone）是一个工程术语，它指的是人们可以进行安全挖掘的物理空间（比如在挖地下管道的时候）。对该区域的具体定义是距地下设备的两侧各 24 英寸（约 61 厘米）。这一术语用在客户服务上也很贴切，它指的是客户对何为充分或理想服务的期望范围。当客户得到了期望中的服务时，他们就很有可能为你的企业做宣传。

同样，如果客户受到了良好的对待，并且在投诉时感受到了你对他们的关心，他们就愿意忍受更多——延误、过失，以及不能百分之百满意的失落感。倘若你超出了他们的期望，他们的忍耐度就会更高——简单来说，就是可以发展出更广的公差带，该区域的广度会影响他们在投诉时的合作性。

我们在第一次坠入爱河时，通常都很能忍。我们会忍受对方的邋遢，忍受对方吧唧嘴的声音，忍受对方开车的方式等。一般来讲，客户对产品或服务失败的容忍度不是天生的，除非他们面对的是自己所钟爱的品牌。

问题是，投诉处理者要如何扩大客户的公差带呢？在情感层面上，有个直接的方法就是保持友善，这是一种能被看见的、具有感染力的情感，它能让人们保持好心情。友善包括简单的微笑行为，如果客户被客服代表真诚的微笑所吸引，他们就会觉得对方能够关注他们、保持礼貌并且提供帮助。微笑能将人们放置在某个区间——也就是公差带中——进而与对方建立融洽的关系。随机的善意行为也能扩大公差带。例如，如果你注意到某个人在排队，而他看起来很累或者好像受了什么伤，拿把椅子给他，让他能坐下休息，这就算是一种随机的善意行为。换句话说，此时你在增加与客户之间的情感储蓄，这样一来，当你必须说"不"或是无法给予对方期望的东西时，他们也能接受。

另一个扩大公差带的方法就是快速回应，以此来表明你尊重客户付出的时间。如果客户要求你提供某样东西，而你表现得慢条斯理，那他们就会产生一些不太好的感受。但是，如果你能通过自己的语言、肢体动作以及实际速度来表现你的诚意，那就相当于在告诉他们，他们对你很重要。速度会传递一种强烈的信息。假如我跑过房间去拿你要的报纸，就代表我知道这件事对你很重要。但假如我慢慢踱步过去，中间还要停下来和别人搭两句话，接着再慢吞吞地走回你身边，就等于是在说你的要求对我并不重要。客户也会以同样的方式来解读你的响应速度。

基于以上原因，速度可以扩大公差带。人们在投诉的时候最烦的就是要等上好几个小时，尤其是在等待中途还要被打断，听到对方说出"感谢您的等待。您的来电是我们的头等大事"这样的废话。毫无疑问，如果你能比预想中更快地处理某人的问题，就能扩大他的公差带，使你和企业受益。

如果你采取了这些步骤，你就能将客户变成你的合作伙伴——你们双方将共同解决所面临的问题。当客户第一次来投诉时，他们很可能会把你当作敌人，并将你与问题混为一谈。出色的投诉处理者则会让客户将他们视为合作伙伴，然后与对方一同对抗问题。此时，你不再是敌人，问题本身才是。这种转变可以在短时间内迅速发生。这看起来太简单了，以至于它的效果都有点儿让人尴尬。你可以用微笑告诉对方："我就在这里，我要帮助你，但首先，请让我对你说声'谢谢'。"

✎ 核心信息

投诉处理行业中的佼佼者不会将负面反馈视为对其自尊的威胁。

"谢谢"和"不客气"是相互关联的沟通链。在听到"谢谢"之后，很难不说"不客气"。它们都是积极的沟通链。

大多数人都希望保持积极的沟通链。

要表明客户对你很重要，一个方法就是在向他们询问信息的时候做笔记。

当客户没有受到公平对待时，他们立即就能感觉得到。我们需要高度公平地对待客户。

顾客想要的是针对不同年龄段的不同待遇，他们也因年龄段的差异而有着不同的界定公平的标准。

扩大客户的公差带。实现这一目标的有效方法是保持友善和快速。

💬 讨论提示

投诉的处理主要取决于服务提供者。你是否赞同这一观点？为什么？

除了像"谢谢"和"不客气"这样的礼物公式沟通链，还有哪些沟通链的例子？你能想出哪些你使用过的沟通链吗？

你还可以开发和使用哪些沟通链？当客户前来投诉的时候，关注一下还有哪些可以用来与他们交流的沟通链。

怎么做才能不使客户对你要问的问题感到厌烦？

你的客户是否曾经说过"这不公平"？你是如何回应的？

公平对你的客户来说有多重要？对方是如何展示出这一点的？

你觉得你能学会如何快速判断客户的年龄段，然后据此对他们做出公平的回应吗？

你能用哪些方法来扩大客户的公差带？

第六章

投诉的口碑
效应

客服代表没能收到投诉内容可能有几个原因。如果你知道愿意投诉的人是多么稀少，就能明白客户的投诉比例与其面临的问题之间几乎没有关联。很遗憾，一些商业领袖觉得应该通过设定目标来减少投诉的数量。在介绍部分，我们讲到第二大投诉处理误区的时候曾提过这个观点。管理者怀抱的大概是这样的想法：投诉量少了就意味着客户面临的问题也少了，但事实并非如此。

■ 为什么零投诉不应成为你的目标

我曾听全球知名的连锁酒店的领导者说过："是，我很欣赏'投诉是礼物'的观点，但我宁愿根本没有投诉。"愿望是好的。然后我询问他们酒店游泳池的温度是多少，它们几乎所有泳池的温度都高到令人不舒服，不适合高强度的游泳，而那正是我喜欢的方式。当我投诉泳池的温度不合理时，我观察了他们的反应，因为我知道泳池助理对此也无能为力。他们告诉我："这是管理层设定的温度，如果要把水温降下来得花很长时间。"如果是另一个人来游泳（可能他大部分时候都只是在水里站着），他或许会觉得水温高点会更好。我问管理者："你们怎么处理那些解决不了的投诉呢？说得更具体点，你怎么做才能让每个人都对泳池的温度感到满意？如果能教会泳池助理怎么向喜欢低水温的客人解释这个问题，会不会更好一些？"

有时投诉会被隐藏起来，因为企业把面向公众的那部分业务外包出去了。在这种情况下，企业就必须创造性地听取对于外包业务的投诉。娱乐性公园和其他类似的场所经常会将诸如食品、安保以及清洁服务等重要业务外包出去，以此来集中精力做好管理工作，并降低成本。但它们为此要付出的代价是，娱乐性公园的所有者听不到有关食品的投诉。从游园者的角度来说，汉堡湿度过大或供应商态度粗暴仍被视为公园的责任，公众可能不知道公园并不直接管理餐厅业务。而游乐场本身对这种糟糕的服务了解甚少，因此，这个问题就没法解决。

有些企业会进行客户满意度调查，以了解更多有关投诉的情况。这是个好主意——在某种程度上是的。但是，那些在上星期或上个月就离开了你们企业的客户呢？他们就属于被隐藏起来的投诉的一部分。调查主要针对的是现有的客户，而既然客户愿意留下来，就说明他们的满意度仍是足够的，至少到上一次的购买体验为止仍是如此。通过这种方式收集到的客户满意度调查并不能为不满的客户们发声，现有客户能告诉你的是当前存在的问题。但如果你能找到那些已经放弃了品牌的客户，并搞清楚是什么致使他们离开了，你就能发现大量隐藏的投诉，否则这部分对你来说永远是个黑洞。

还有一种情况也会将投诉隐藏起来：调查可能会因其构建和使用方式的不当而无法识别客户的不满。我和我丈夫近期都在接受服务后参加过客户调查，一则调查来自我们的医疗保健提供方，而另一则来自我们的汽车经销商。前者给我发了短信，让我在网上答复问卷，我在"紧急护理地点"这一项上打了个较低的分数。

几天后，调查公司直接给我打来了电话。很好，它们确实在跟进事态进展！但让我没想到的是，客服代表打电话来是问我愿不愿意改变评价，然后在它们的净推荐值（net promoter score）调查中给该组织打个高分。至于是什么让我给了一个这么低的分数，这个人并不在意，这就是一条被隐藏起来的投诉。她只想得到一个更高的分数，而在那个电话中，她曾三次表达了这样的意愿。

而关于汽车的那则调查也很有参考价值。我们汽车的警示灯亮了，所以我丈夫把车开到经销商那里，对方告诉他至少得等两个星期才能有人来为我们检修。于是我丈夫顺理成章地问，能不能两周后再把车开过来，汽修工说不行，你们得把车停在那排队。最后，经销商花了六周的时间才检修出了警示灯的问题，而在此期间我们就没车可用。经销商只是做了一些常规的检查，他们干得不错，检查了一些我们根本没要求的项目——不过花了六个星期。

汽修工告诉我们，他会给我丈夫发送一份调查反馈问卷，而这份问卷的结果对他的职业生涯至关重要。他说，如果我们不在调查报告里给他一个好评，就会影响他的收入，他就无法支付房贷。瞧这话说的！后来他又打过电话来追问我丈夫对服务是否满意，我丈夫回答说："除了等了六个星期，我都很满意。"话音刚落，电话那头的人操着口音重复了这个问题："那你满意吗？"我丈夫又说了一遍："除了等了六个星期，我都很满意。"电话那头再次问道："那你满意吗？"这时候，我丈夫就把电话挂了。这个投诉倒是没有被隐藏起来，但我们也相信它永远也无法传到经销商的耳朵里。

假如企业只关注常来投诉的人，而不从没来投诉的客户那里寻求额外的反馈，那么他们就无法获取有代表性的信息，也无法弄清楚到底是谁在不满以及为何不满。前来投诉者与隐性投诉者是不一样的。前者会来投诉，就是因为他们不愿接受二流服务。

就国别差异而言，综合调查机构诺普世界（NOP World）

在其年度消费者态度研究中采访了 30 个国家和地区的 3 万多名消费者。其最新调查显示，不同国家和地区的消费者对投诉的反应各不相同。诺普世界公司根据 2020 年有投诉经历的消费者占比给出了两份排名。

最有可能投诉的前九名：

瑞典：41%

英国：36%

澳大利亚：30%

加拿大：26%

美国：23%

巴西：23%

阿根廷：23%

南非：19%

法国：17%

最不愿投诉的前九名：

沙特阿拉伯：3%

中国：5%

波兰：5%

俄罗斯：6%

土耳其：7%

西班牙：7%

埃及：8%

泰国：8%

印度尼西亚：8%

这两份排名让我感到惊讶，因为这些国家中的大部分我都去过（沙特阿拉伯除外），也和当地人有过交谈。有趣的是，我在和当地人私下聊天的时候，他们都说自己的同胞一天到晚都在投诉——他们是全世界最爱抱怨的人。当然了，他们说，比不上美国人，美国游客是非常严苛的投诉家。有可能一些人往往习惯于向身边的同伴而不是那些真的有办法解决他们问题的人投诉。这也说明耳听未必为实。但不幸的是，我们总是容易这么做。相反，如果我们能看到更大的样本，那么就会有很准确的结论，就像诺普世界公司对这 3 万多名消费者的调查一样。我会在第九章中讨论大数据问题。

投诉极易通过口头传播

企业重视声誉，这是可以理解的。积极口碑能让企业或产品获得成功，而不满的客户所发出的消极口碑则会成为潜在的营销威胁。客户投诉可以从以下三种角度来支持或是阻碍企业的发展。

· 个人推荐比广告的效果更好

人们更愿意相信个人推荐，而不是广告商的宣传语。正面评论是真正的礼物，因为客户认识的人的推荐具有极大的分量。但这也意味着负面评论会直接毁掉企业的形象。

行业领先的在线调查软件公司 Qualtrics 表示，网络评论可能会比直接评论更加重要。18~34 岁的用户对于网络评论的信任度达到了 91%，不亚于其对个人推荐的信任度。我曾看到过有人在排队的时候就因为别人评价了他们购物袋里的东西就把那个产品退了。我也目睹过当有人说："哦，这东西我也有，它很好用，我很喜欢，而且它的售后服务做得也很棒。你一定要买，绝对不虚此行。"

Qualtrics 还指出，92% 的企业对企业（business-to-business，B2B）买家会信任其他企业主的正面评价，并据此做出购买行为。他们会在会议、策划小组或是其他偶然碰面的场合下谈起这些事。

负面口碑甚至可能会对全行业都产生重大的影响。想想保险业吧，它在世界各国的形象都不怎么样。在瑞士管理学教授、保险经济学研究所执行委员会成员彼得·马斯（Peter Maas）的解释中，这种局面形成的一部分原因是投保方总要在遭遇不良事件以后才与保险机构打交道。除此之外，保险机构在处理索赔上的拖沓也已经是臭名昭著了。

你可以看看美亚保险公司（USAA）的电视广告，该公司在退伍军人保险领域是名列前茅的，因为保险代理人总会在客户提出索赔之前就出现。互联网上有很多关于提高保险公司声誉的好建议，而我的建议是，去兑现他们在广告中许下的承诺。记住，投诉表达的是一种不满的状态。这种不满是怎么来的？或许就是因为承诺没被兑现。

·客户越是不悦，就越会制造消极口碑

客户越是不满，就越有可能通过制造消极口碑来发泄情绪，所以，永远不要让他们带着怒气离开。客户很喜欢把不满的购物经历说出去，甚至会说给多达 20 个人听。相比之下，他们只会把积极的购物体验说给大约 3 个人听。当他们谈起所得到的良好客户服务时，听起来简直就像是在吹嘘。一旦客户因为"所表达的投诉没有得到处理"而愤然离开，那么企业就再也无法阻止负面口碑的传播了，尤其是当这些客户与朋友和家人在一起闲谈的时候。

马修·斯怀尔斯（Matthew Swyers）在《公司》（*Inc. Magazine*）

杂志上发表的一篇文章就提到过这类案例。他的妻子在一家全国性的折扣店买了几件商品。当她回到车上检查收据时，发现所有产品付的都是全价，但其中有几件明明贴着打2.5折的黄色标签。她回到店里排队等候，却被告知："我怎么知道这些贴纸不是你自己贴上去的？"斯怀尔斯的妻子感觉受到了侮辱，她反驳道："你说得对。这些东西我全部不要了。"而另一位正在排队的客户也把自己要买的东西放在了柜台上，说："你们别想也这么对我。"然后走出了折扣店。

· 大多数销售会同时受到正面和负面口碑的影响

由于口碑会在很大程度上影响销售，所以组织要妥善处理投诉，将负面的投诉体验转变成积极体验。这意味着我们要在投诉的过程中处理客户的情绪，不能伤害他们。要给客户一个理由，让他们把积极的口碑传播出去。积极的评论可以放大营销效果，所以，为之努力是绝对值得的。正面口碑所能产生的销售额是付费广告的5倍，经由推荐而来的客户会比普通客户多花200%的钱。

让我们来考虑一下像婴儿食品这样的产品。根据市场研究机构尼尔森通信公司（Nielsen Communications）的数据，44%的女性会从朋友和家人那里去了解婴儿食品的相关信息，这一比例要明显高于通过看电视广告来获取信息的女性。

人们最常在社区内的闲聊中讨论婴儿食品和配方奶的相关信息，这些讨论可以带来 40% 的销售转化。比如，某位家长对另一位家长说："我不喜欢那个牌子。我家宝宝喝了会吐奶。"你觉得有哪个家长会愿意把这些信息传达给婴儿食品制造商吗？他们很有可能直接就换牌子了。

想象一下，假如你是一个卖婴儿食品的人，现在有宝宝对你们新引进的产品出现了不良反应。难道你不希望客户直接把这事告诉你，而是希望他们把这拿到社交媒体上传来传去吗？如果你看过网上的所有投诉，你就会发现它们主要都是在吐槽投诉的处理不够妥当。假使企业能让客户投诉的过程变得更为简易，又能积极处理这些投诉，那么客户的不满程度就会降低，负面口碑就会减少，正面口碑也会因此而产生。很多客户似乎都想针对自己遇到的问题说几句，如果企业不能回应他们，他们就会转而寻找其他的受众。

当企业能够展示出想要提升客户的满意度时，它们就能控制住负面口碑。我们推测，企业的兑换政策越宽松，公众对它们的负面评价就会越少。美国大型零售商开市客就是一个很好的例子，它之所以声名大噪，有一部分原因是其"无理由换货"的服务口号。在开市客，不用提供收据就能退货，毕竟它们在计算机上就能快速地查找到顾客的购买信息。开市客说："把你的投诉告诉我们，我们会为您解决任何有关产品的问题。"亚马逊是另一个注重这一点的线上零售商。PBD Worldwide 是一家基础设施旅行服务机构，它也奉行"退货政策是客户满意度的主要影响因素"这一理念。

根据航运软件服务机构 Trueship 的研究，宣传退货政策有助于减少要求退货的数量。Trueship 对购买者进行了研究，发现约 60% 的人在购买前会查看企业的退货政策。表面看来，这些规定都与投诉无关，但是当每次退货产生的时候，投诉其实都是嵌入其中的。这些投诉并不涉及产品损坏或是故障的范围，它们关系到产品的颜色、尺寸是否合适，以及是否达到了购买者的预期。

加利福尼亚州为保护当地公民而制定了法规：除非企业能够提供全额现金退货、换货服务或是店铺积分服务，否则它们就必须在消费者下单前至少 7 天公布退货政策。假如企业拒绝执行这一政策，客户就会占据优势，那么无论企业的政策如何，他们都可以在 30 天内退货并获得全额退款。以上这些方法似乎都能刺激购买，而加利福尼亚州也并不是唯一一个有这种规定的地方。在英国，如果产品损坏、与描述不符，或是没有达到描述中的效果，企业都必须退货。网购产品在到货后的 14 天内都可以无理由地进行退货退款。

如果可以免费退货，客户就会更愿意在商家花钱。因为这就相当于在说："假如你来投诉，我们会免费为你处理。"

《市场营销杂志》（*Journal of Marketing*）在 2012 年的一项研究指出，为客户提供免费退货服务，可使他们的消费数额增加 158%~457%。这一研究历时 4 年，其调查结果中包含了大量的具体数据。另外，如果产品不包邮，客户在两年后在该企业的消费额就会减少 75%~100%。

✎ 核心信息

人们更愿意相信个人推荐，而不是广告商的宣传语。

客户越是不满，就越有可能通过制造消极口碑来发泄情绪。

积极口碑能带来的销售额是付费广告的 5 倍。

因为他人推荐而来购物的人会比普通顾客多花 200% 的钱。

大多数客户都会记住并且告诉其他人他们在投诉处理方面的负面经历。

💬 讨论提示

你估计我们企业错失的投诉能占到多大比例？你能做些什么来降低这个数字，以便接收到更多的投诉信息？

你是否知道那些没来投诉但又感到不满的客户会做些

什么？

再来回顾一下：你有过哪些阻止客户前来投诉的行为？

你是否曾制造过消极口碑以表达你对当时所面临的情形的不满？

你是否曾收到过一些线索，可以证明有些客户明明感到不满，但没有投诉就离开了？

你是否理解并能将销售收入与投诉处理之间建立起联系？

免费退货服务对客户的购买行为有何影响？

第七章

怒气冲冲且咄
咄逼人的客户

现实点吧——虽然我们可以将投诉视为"积极的机会"，但它接受起来并不总那么令人愉快。坦白地说，大部分客服代表都不喜欢那种咄咄逼人的投诉。以下是我从投诉处理者那里听到的一些评论。

- "现在的客户都怎么了？上一个人甚至还对我发了誓！"
- "我十分确定，上一个客户肯定是想骗我们。他不可能没穿过那件外套。"
- "他们说真空吸尘器用不了了。我问他们有没有读过所有的使用说明。如果按步骤操作的话，我们的吸尘器不可能随随便便就用不了的。这是他们自己的错，可他们却想让我们来修理机器。这就是神经病！"
- "我只不过走开一会儿去上了个厕所，他就生气了。是不是只要他有需要，我就得全心全意守在身边？我又不是只有他一个客人！"
- "我真想知道他们是怎么长大的——实在是太讨厌了。怎么会有人对什么事情都这么不积极！难道他们看不见我已经在尽全力帮他们了吗？"

- "如果我的老板知道了这事，我可能会惹上麻烦。"
- "店铺的营业时间和政策又不是我定的，明明不是该由我来负责的事情，可他们还是抱怨连连。"

客户的攻击性（customer aggression）可能从他们开始购买商品或服务的时候就已经存在了。然而，有证据表明，客户的攻击性在21世纪20年代变得更为普遍了。更糟糕的是，各类攻击性的频率和强度都在增加。

攻击是否是公众合作中所固有的

《时代》（*Time*）杂志在2021年的10月刊中将当年9月称为"礼仪崩坏月"，以此来描述服务提供者所遭受的攻击。斯坦福大学（Stanford University）精神病学荣誉教授汉斯·斯坦纳（Hans Steiner）指出，当前盛行的粗鲁行为当中有许多都是针对客服人员的，因为"人们觉得对无权无势的人无礼几乎是一种权利"。《克服破坏性愤怒》（*Overcoming Destructive Anger*）一书的作者伯纳德·戈登（Bernard Golden）也赞同斯坦纳的观点，他说人们不像从前那样能控制自己了。互联网让攻击变得更自由，因为人们不用与受攻击的对象面对面。戈登说："人们觉得什么都可以说。他们不再保护自己……这种不经过滤的现象也存在于公共生活里。"本书不涉及身体攻击（physical attacks），但在今天，几乎每个组织都需要创设某种类型的安全环境，以此来指导员工保护自己免遭人身危险。《投诉是礼物实践手册》中提供了101项活动与练习，当中就囊括了与公众打交道的基层工作者需要了解的信息，以帮助其识别身体威胁的发生迹象，进而能够果断离开并在必要时进行求助。

在《投诉是礼物实践手册》中，我们讨论到当客户出口伤人时，服务提供者可能会因此而感觉受到了侮辱和蔑视。有时，客户的言语攻击会让服务提供者产生巨大的恐惧，因为他们担心自己会因此而丢掉赖以生存的工作。更糟糕的是，言语攻击也可能是身体攻击的前兆，这是一种会感染公民生活的"奔腾的疯狂"。这听起来似乎很有趣，但其所产生的结果却是实实在在的灾难。

许多刚步入职场的员工不知道要如何应对那些怒气冲冲又咄咄逼人的投诉客户。他们中有许多人说自己只能从经验中去吸取教训，但要能稳定且到位地处理这些冲突，可能得花上几年的时间。也有许多人认为，只要与公众打交道，就一定会受到对方的攻击，这是它的固有属性，也是我们必须偿付的代价。我也不愿赞同这种观点，但我们姑且认为事实就是这样。倘若真是如此，客服代表们就更需要有强健的脊梁，以便能让自己身心健康、安然无恙地回到家中。我知道很多客服代表都会在晚上回到家后坐在浴室里大哭一场，接着一夜无眠，这是他们亲口跟我说的。许多人辞了职，或者至少是在经历了特别伤痛的某天之后萌生了想辞职的念头。在本书的这一部分，我们将探讨客服代表要如何保护自己免遭辱骂，或者帮助客户看到他们对试图帮助他们的人所造成的伤害。

愤怒与不满的区别

我来区分一下不满与愤怒。要把这两者区别开来，有一个简单的方法：客户可以有不满但并不愤怒，而在大多数情况下，他们不可能只有愤怒而没有不满。我们会讨论一下服务人员可以做些什么，以便他们能在客户的怒气袭来时不会觉得受到了人身攻击。我们还将研究客服代表可以如何利用非言语信号来帮助客户从敌对状态转向合理立场。

愤怒是人类经历的最为强烈的情绪之一。它既会影响发怒的人，也会影响必须忍受怒气的人。愤怒的客户来投诉时往往说话难听且嗓门很大，毕竟，如果不提高音量，他们要如何显示自己愤怒的强度呢？人们会生气，是为了表明某些东西对他们而言很重要。他们觉得如果不表现得很愤怒，对方就会略过他们，忽视他们的需求。少数愤怒的客户可能会考虑采取暴力行动，但大多数人并不会这么做。许多人会夸大他们的怨气，还会用"我再也不会回来了"之类的话来威胁对方。

愤怒的客户通常认为站在面前的这个人，或是在电话中为他提供帮助的人就是该为此事负责的人，而他们所表现出来的怒气常常会成为客服代表提供帮助的绊脚石。一个有趣的现象是：那些只是不满但并不生气的客户更倾向于更换品牌，而那些既有不满又怒气冲冲的客户却更愿意留下来，只要这种怒气不是因为客服代表的处事方法。值得注意的是，大量研究都支持了这一观点，尽管这个结论的意义不大。如果产品或服务提供者能够专注于解决客户的不满，他们就会拥有很大的主动权。

首先，我们来回顾一些统计数据。目前已有多项研究针对一系列职业展开了调查，涉及医疗保健、公共服务、安保、酒吧和餐馆、运输、银行、酒店、零售、客服中心和快餐店等多个行业，当然，还包括航空业。美国联邦航空管理局（Federal Aviation Administration）曾于 2021 年的 1~10 月报告过近 5 000 起乘客行为不端事件。2021 年 7 月，85% 的空乘人员表示曾接触过行为不端的乘客，其中许多人甚至在登机前就已经醉醺醺的了。无论男性或女性空乘人员都会受到性别歧视、种族歧视或恶语攻击，17% 的空乘人员曾是身体攻击的受害者。

大部分参与调查的航空公司员工都说，他们从未接受过处理此类虐待的培训。当提及他们对职场暴行的看法时，他们强调了五大主题。顺便说一下，这些反应也可见于许多其他行业。

- 暴力是这项工作的一部分，无论你接不接受，它都在那里。
- 一线员工是被攻击的主要目标。如果有个管理人员在场，大多数客户就会停止自己的越轨行为。这就是为什么有时飞行员会离开驾驶舱，出来应对难缠的乘客。
- 就投诉处理者而言，权力主要掌握在顾客手中。
- 任何人都有可能会有暴力倾向。
- 在处理攻击性的问题上，经验的价值是无可替代的。

情感巨兽——愤怒

愤怒这个话题由来已久，就连古代哲学家，比如塞内加

（Seneca）都专门写过有关愤怒的文章。这位古罗马斯多葛派哲学家告诉他的读者，要通过简化自己的生活，避开引发自己愤怒的人，以此来找到内心的平静。而当今世界的客服中心是如此繁忙，要在这样的环境里做到这点并不容易。恕我冒昧，客服中心只有在处理投诉和应对沮丧且愤怒的客户时，服务水平才算得上是不错的。这并不是什么大问题，因为许多其他投诉处理专家都支持这个观点。例如，贝恩德·思达西（Bernd Stauss）和沃尔夫冈·塞德尔（Wolfgang Seidel）在 20 年前就提出过这样的见解，"从客户的角度来看，实际问题的解决效果与（组织）对待客户投诉的方式之间并非毫无关联"。

愤怒具有如此强烈的情感能量，它会让任何靠近它的人都喘不过气。尽管如此，客服代表还是需要帮助客户去重新构建或是引导这种能量，以增加他们的满意度。这是个很高的要求，但如果能学会的话，整个投诉处理的工作体验就会变得轻松许多。

即便愤怒源来自投诉者内部（比如起晚了，忘带换货收据，或是在生某个家庭成员的气），它也与外部事务有关，几乎所有愤怒都是由外部事务所引发的。我查阅了一些心理学的论文及图书，并将愤怒的产生原因提炼为以下三种情况：

- 当身体的自我保护受到威胁时所产生的应激。
- 作为个体性格特征的一部分而自发出现。
- 对感知到的伤害或不公待遇的反应。

性格特征可以影响客户与客服代表的交谈方式，也会影响客户的易激惹程度。有些客户可能天生就易怒、对立、爱生气，或者缺乏控制愤怒的能力。如果你去翻翻同义词词典，你也会发现愤怒的同义词比反义词要多得多。不管愤怒展现为何种形式，那些性格特征倾向于此的客户都会更容易表现出烦躁和愤怒的情绪。

在客服互动中，愤怒通常被用来操纵他人。总部位于弗吉尼亚州的客户服务联盟（Customer Care Alliance）发现，约有 8% 的消费者承认曾对客服代表破口大骂，28% 的消费者承认曾对客服代表大喊大叫，他们均承认自己打断了别人说话，并提出过不合理的要求。一旦客户因此而尝到甜头，他们就很难不重复这种行为，因为这种行为在过去见过效。不幸的是，如果客服代表屈服于客户表现出来的愤怒，只会让客户们"学会"对客服代表生气。因此，客服代表以任何方式助长了客户的愤怒都是没有好处的。

▦ 愤怒的五个阶段

当愤怒一触即发、不可控制时，它的发展进程就很类似于伊丽莎白·库伯勒–罗丝（Elisabeth Kübler-Ross）所提出的悲伤五阶段论，即：否认、愤怒、抑郁、讨价还价和接受。愤怒的变化大致也符合这样的模式，但还是有一些不同。愤怒的程度变化呈现倒 U 形曲线的趋势，其第二个阶段是指责，一般来说，这是客服代表最难面对的阶段。

愤怒的第一阶段是否认，此时你会听到客户说，"这不可能是真的"或"一定是弄错了"。人们在面对突如其来的悲伤时也会说同样的话："不，这不可能是真的。告诉我你是在开玩笑。"当你从客户那里听到这类说法时要警惕。因为他们的愤怒可能才刚刚开场。客户仍在试图控制他们的怒火，而你现在看到的，是一座可能就要爆发的大型火山的顶端。

如果你能回答问题，看起来有能力、至少是能给出最低限度的友好和帮助，还能提供尽可能多的信息，你就有机会去避免"火山"的喷发。最好能对客户最初的情绪反应表示理解。"谢谢你来说这些。你是对的。肯定是某些地方出了问题。让我们检查一下。"让他们和你一起搞清楚发生了什么。如果当时你正在看计算机屏幕上的信息（这种情况发生的可能性很大），要告诉你的客户你正在做什么或看什么。不要把他们排除在这个过程之外，让他们参与进来，这有助于在他们的愤怒爆发之前就将其化解掉。

在愤怒的第二阶段，即指责阶段，你会遇到通常对客服代表来说最具挑战性的一个部分。客户会进行攻击："我并不意外。这种情况一直在发生。你们的人太无能了。"尽管他可能没有明说，但他也已经把你归类在这群表现不佳的人中了。你很难不把这些攻击当作个人行为。但即使他们给你的这份礼物包装得很难看，你也要坚持看下去。如果你打开它，我向你保证，里面一定有份真正的礼物。

当我们受到指责时，保持友好并不容易，所有为客户提供帮助的人都希望自己的努力能得到赞赏。指责通常会激发一种反击的欲望。如果我们意识到这些指责的言论是不满的客户愤怒的一部分，而他们仍愿意与我们进行沟通，我们可能就不会出现很强的防御性。当客户处于愤怒的指责阶段时，我们需要的是积极倾听，而不是说些什么。点头表示同意，并不断提醒自己，如果你能扭转这些客户的情绪，你就更有可能长期留住他们。

当客户因愤怒而情绪爆发时，即第三阶段，他们也会变得异常大声。如果他们认为你不会听他们的话，他们会变得更大声。提高音量是一种非言语的方式，目的是让你知道他们希望你在听，这对他们很重要。假如你的客户看起来似乎还能再喊叫一阵，你可以试着这么说："我不在乎你对我（第一个否定句）有多生气，这不会阻止我（第二个否定句）尽我所能地帮助你（肯定句）。"我听说这句话非常有效，主要是因为它以两个否定的陈述开始，又以一个肯定的陈述结束。这就像好的戏剧一样，它能吸引人的注意力。听众必须弄清楚你刚才说了什么，并预测你接下来要说什么。像任何好的沟通链一样，你需要进行一点练习，才能流畅、自信地说出这句话。一定要在每句话之间稍做停顿，这样客户就能听到并有时间思考你在说什么。

在愤怒的第四阶段，即讨价还价阶段，客户开始寻求解决他们问题的方法，因为他们知道愤怒并不能为他们带来什么好处。客户的怒气开始消退，他们也会开始着重使用自己的理性脑。他们会说诸如"好吧，你打算怎么做"或"这是你能为我做的最好的事吗"。这是你与他们展开合作的机会，也是在对话中占据主动权的机会。但你需要把注意力放在可能的解决方案上，而非放在问题上。

不要被他们的话所吓倒。记住，他们正在与你讨价还价，以此来解决自己的问题，而且他们可能还在生气。在指责阶段，客户仍然执着于他们原本的问题。而在讨价还价阶段，你有机会将对话转移到如何满足他们的需求这一问题上。如果客户听到你承诺会解决问题，就会开始接受这种情况。这就是第五阶段：客户接受了你提供给他们的东西。

了解愤怒的五个阶段有助于解释为什么有时我们控制愤怒者的方法不起作用。人们很容易跳过第二阶段，从第一阶段直接进入第三阶段。但是，愤怒的人必须经历所有前四个阶段才能最终抵达接受阶段——正如库伯勒－罗丝所说，处于悲伤中的人也需要这样做。当人们处于否认和指责阶段时，他们是不理性的。但到了讨价还价阶段，他们开始变得理性，并最终有机会整合在接受阶段（第五阶段）所发生的事情。这一教训意味着你不该急于解决客户的问题。

几年前，在我办公室工作的一位女士在运送货物时遇到了麻烦。这让她很不高兴，不过她最终解决了这个问题——虽然不是很完美，但包裹还是送到了我们的客户手中，尽管晚了几天。然而，这位员工并不高兴，她一直说："对方从来没有跟我道过歉。他们没有理会这所造成的'不便'。我不想再让他们当托运人了。"

给你的客户一个机会来表达他们的情绪。要阻止一座火山喷发是不可能的，但你可以观察它，倾听它。作为客服代表，你要保持情绪稳定，要在客户的怒气降下来的时候为他们提供帮助，如果只是告诉他们"不要生气"是没用的。

▆▍ 处理愤怒的方法

如何打造一个平静的开场？可以用点儿技巧。一种方法是承认客户的不满，但如果他们设置圈套，你不一定要在意他们的话。类似"你什么时候开始像对待狗一样对待你的客户了"这样的问题是为了把你拉进争论。你可以回应他们说："我很抱歉冒犯了你。我们不该那样做。"要是客户说："如果你们在乎你们的客户，哪怕只有一丁点，就不会设计这么愚蠢的政策。"他们是在诱导你说："但我们确实在乎我们的顾客。"为自己辩护只会给你的客户提供更多的弹药来继续做斗争——"那为什么……"。这样一来，战斗就会没完没了。

更好的回应方式是问一个有关他们攻击的问题。你可以带着好奇心说："我非常抱歉。发生了什么事，让你觉得我们不在乎你？"这个问题会让他们吃惊。他们期望的是辩护，而不是提问。如果你不为自己辩护，客户就很难继续攻击。同样关键的是，要去接受愤怒者的本来面目和他们此刻的表达方式。人在感觉到不被接纳时，往往会陷入困境。他们希望你能听到他们的声音，你的认可能够帮助他们改变并缓和自己的语气。一旦他们开始变得更为理性，你就可以帮助你的客户转向更积极的情绪。就愤怒而言，这意味着倘若你不承认他们的愤怒或试图以某种方式来回应这种愤怒，他们的怒气就有可能升级。

当你想帮助你的客户变得理性时，提问是一种很可靠的技巧。一般来说，接连提出三个开放式的问题能帮助愤怒的人变得更加理性。假设警察因为你超速而让你靠边停车，他可能会问你一系列问题。第一个问题通常是："你知道我为什么让你停车吗？"你的回答会告诉警察他们下一步该怎么做。假如你说："当然了！因为你拿着纳税人的钱又无事可做。"那么警察就会判定你有潜在的敌意，并采取相应的行动。但要是你无辜地问："为什么，我超速了吗？"警察就会转向第二个问题："请问我可以看看你的驾照吗？"接着是第三个问题："我可以看看你的汽车登记和保险证明吗？"

警察不会随便问超速或鲁莽的司机问题，警察之所以会这样做是为了确定司机是否理智。他们自己也承受着很大的压力，可能也会发现很难控制自己的愤怒。他们希望避免出现两个情绪激动的人对峙的情况，因为大多数刚被警察拦到路边的人一开始都很不高兴！

要想成为向潜在愤怒者提出三个问题的专家，你就得检验你的问题。如果你最初的问题没有得到理性的回应，你可以提出第二个、第三个，甚至更多个问题来替代它。你还需要确定你的问题会不会增加挫败感，而了解这一点的最好方法就是在实践中获得反馈。问一些有意义的问题，并证明会有积极的事情发生。记住，你要把愤怒中的能量转化为积极的反应。

例如，假使一个客户打电话来，投诉新家的热水器突然坏了，那天早上他们被迫洗了个冷水澡，他们可能会开始对你大喊："怎么会发生这种事？我们上周刚搬进来。我不敢相信会发生这种事。"以下是投诉回应的内容，也许不是每一句都说了，但相信刚开始的对话里总会有这些信息。"谢谢你！我很高兴你立刻就联系了我们。天哪！我对此感到非常抱歉。我也讨厌洗冷水澡。我将帮助你解决这个问题。你能不能告诉我，在今天早上之前，是否可能有任何迹象表明水已经变冷了？据你所知，其他水龙头有没有出现同样的情况？热水器有没有发出任何奇怪的声音？"你可能有比这更好、更相关的问题，但你应该明白了我想表达什么。

如果你一定要设定限制，那就以一种不会让客户丢脸的方式来做，让他们保留自己的尊严或地位——尤其是在公共场合。有时，把客户从拥挤的地方带走是个不错的方法，这样他们就不会因为自己所表达的情绪而感到羞耻，也就可以私下表达他们的愤怒，这同时也避免了让双方都陷入失控的状态。

永远不要像对待孩子一样对待成年人。然而，我们可能已经观察到有些服务提供者会命令客户说："除非你们都坐下来／排成一队／不要挤在这张桌子周围，否则我无法帮助你们。"如果你在公开场合对前来投诉的成年人表现出居高临下的态度，客户就会变得愤怒。记住，你的听众——也就是可能正在观看这一幕的其他客户，他们或许正在盘算着应该如何给你一份来自他们的"礼物"。

要是你知道你的客户经常生气，永远不会满意，还有最后一个方法可以考虑。这样的客户可能会很耗时，特别是相对于他们能给组织带来的收入而言。他们还会让面对客户的员工和其他客户感到不安。这最后一种方法是考虑"解雇"客户。畅销书《科林·鲍威尔的领导秘诀》（*The Leadership Secrets of Colin Powell*）的作者奥伦·哈拉里（Oren Harari）说，不要犯傻，不要容忍会辱骂、破坏或暴力攻击你的客户。

当认定客户可能不适合你的业务或是你不适合他们时，要"解雇"他们也得谨慎行事。你不会希望搞出一个会出去寻求报复的人，但他们中的某些人真的会这样做。你要礼貌地告诉他们，从你与他们的交往历史看来，你的服务似乎经常惹恼他们，因此，你好像永远无法让他们满意。你可以推荐其他或许能更好地满足他们需求的供应商。通过这种方式，将你对他们的释放定位在他们的利益上——你希望他们能得到最好的，虽然你对此感到抱歉，但这不是你的错。

✎ 核心信息

愤怒是人类经历的最强烈的情绪之一。

客户所表现出来的怒气常常会成为客服代表们提供帮助的绊脚石。出于这一原因，客服代表们需要学习如何帮助客户管理他们的愤怒。

一线员工是被攻击的主要目标。如果有个管理人员在场，大多数客户就会停止自己的越轨行为。

像对待孩子一样对待成年人绝不是一个好主意。当成年人被当作孩子对待时，他们会本能地做出反应。

当需要设定限制时，不要让顾客丢脸，这很重要。

💬 讨论提示

与当今的客户打交道，你还需要哪些额外的互动技能？

当顾客只是不满但并不生气时，对他们的行为有什么影响？

当客户生气时，他们想对作为投诉处理人员的你说什么？他们隐含的信息是什么？

你能确定顾客在愤怒的五个阶段中处于哪个阶段吗？你能说明每个阶段都要做什么吗？

提问是如何影响客户的愤怒的？什么样的问题会让客

户慢下来？

当客户开始生气时，你应该在什么时候寻求帮助？

当组织不能让客户满意时，你是否应该采取"解雇客户"的规定？

第八章

培养坚忍不拔的
心理素质

任何与苛刻的客户打交道的人都不是完全无助的。人们可以学习多种技巧来积极地影响沟通与交流，我自己就曾使用过其中的几十种。你能找到成千上万种能起作用的技巧，如果学得够好，它们几乎可以帮你应对任何一种可能与客户之间发生的冲突。真正的挑战在于，你要学会这些技巧，并在攻击进展到白热化的时候用上它们，以避免你的情绪占据上风，再将客户的消极情绪投射给他们。如果你能了解并专注于某一技巧所依托的根基，那么这些技巧用起来就会更加容易。构成这些心理承受力的基础包括如下内容：

- 避免将投诉个人化。
- 试着去觉察你和客户的情绪。
- 在收到有问题的投诉后，清理你的大脑。
- 从与困难的客户互动中学习。
- 让客户知道他们对你很重要。

避免将投诉个人化

我们在谈到投诉的时候，坚忍不拔（fortitude）是个很好的词。这个词的词源是堡垒（fort），意为有力量的坚实基础。假如我们不用处理不利的投诉，而只是需要为客户解决问题，那么事情就容易多了，可现实并非如此。坚忍意味着要带着力量面对一切困难——包括精神上的和情感上的困难。它意味着要保持有力的状态——也就是说，当现状需要我们坚定立场并保持大胆的时候，不要回避对抗。有些人从年轻时起就有这种能力，其实人人都能发展出这种能力，但是，当有人对我们大喊大叫时，我们想到的往往并不是"坚忍"一词。

坚忍不仅是指要保持积极的心理态度，尽管这可能的确有帮助。我所说的坚忍也是指照顾好自己，这样你就不会在情绪上被打垮。它要求我们对所做之事有清晰的目标。由此所产生的毅力可以让你在下班之后就卸下这些压力，并且不会把坏情绪带回家。要记住这四种与坚忍不拔相关的能力，有一个简单的方法，就是在想到它们的时候，在脑中建构出一个"堡垒"的形象。

当然，堡垒的本义是供军队使用的一个坚固之所，人们可以在此设置障碍，以确保自己的安全。我更倾向于把情感堡垒想象成一个能让你保持专注和强大的地方，你可以在那里为下一步做出最好的打算。情感堡垒的作用就在于不让外界削弱你的力量。考虑到这一点，这座堡垒的第一块基石就是不要把攻击当作个人行为。

客户会生气，但并不是生你的气，尽管感觉上是这样。他们并不了解你，他们关注的是他们的处境，而这恰好也是你的处境。如果你能专注于那一刻发生的事情，就可以避免自我意识过剩的情况。你不知道客户在那一天、那一周、那一个月或整个生活中需要面对哪些问题，你也不需要知道，只要假设他们正在面临困境即可。他们也不知道如何管理自己的情绪，所以也只能把它发泄在你身上。

几年前，我和朋友一起去远足。我们沿着一条小路进入农田，这时突然冒出一个怒气冲冲的老人，在距离不到100码（1码≈91.4厘米）的地方拿着猎枪直接瞄准我们。他大吼了一声，我们都立刻愣住了，我的呼吸都快停止了。我记得当时大家都拼命地想跑开并且躲起来。

我们小组中的一名成员是在该地区的一个农场出生和长大的。她是我们中年纪最轻的一个，但她直接走到老人面前说："嗨，现在把枪放下。我们不会伤害你。"她站起来，离他非常近，开始和他说话。我被惊呆了！我不知道老人对她说了什么，但他放下了猎枪，在我看来，这把枪简直就像火箭筒一样大。过了一会儿，老人笑了起来。我知道同事问起了他的田地，并为我们踩踏了这片田地而道歉。他们握了握手，同事回头看了看我们，我们想方设法都逃开了。

她告诉我们，在她成长的过程中，身边所有的年长男性都是这样的，对方的姿势代表他很恐惧。我看着她，心想："孩子，我多希望我遇到类似情况的时候也能有你这种毅力。"在她的评估里，这并不算是个危险状况。那个老人的身上展现出了两种对立的情绪——恐惧，但并没有敌意——于是她知道该怎么做。她说，当她看到对方拿着枪朝我们走来时，她关心的只有一件事：就是如何化解对方的恐惧。这种专注使得她有了直面那把枪的勇气，她并没有将这种潜在的危险个人化。

这是我们保持坚忍不拔的第一项技巧，它出自日本的合气道戒律。如果你学过武术，可能就会对合气道有所了解。优秀的合气道练习都是围绕着不抵抗、用"柔眸"（soft eyes）看世界和顺其自然这些理念所展开的。几年前，我参加了乔治·伦纳德（George Leonard）主持的合气道研讨会，他在20世纪70年代的人类潜能领域很有名气。他演示了何为"柔眸"，这种技术至今仍被广泛使用。它包括环视你的视野周边，把所有东西都看进去，而不要特别关注你面前的那些。伦纳德说，通过这样做，你可以保持理性的意识，而不必囿于对眼前视野的集中关注所产生的强烈判断。而当我们使用"厉眼"（hard eyes）时，我们会在不知不觉中做出判断，而这会影响我们的行为和情绪。用柔和的眼光看外界是一种能让人保持警觉的放松方法。今天，我们把这称为正念（mindfulness）。

日本人培养了 360 度的全方位意识，他们通过对抗来自四面八方的多个攻击者来展示自己对视觉的掌握。许多团体都采用了柔眸技术，这很神奇，但也不难理解。例如，在《禅宗驾驶》（Zen Driving）一书中，作者就向读者介绍了如何在开车时使用"柔眸"技术。这样做是为了在看路的时候能达到一种放松的精神状态。当这样做的时候，即便周围的交通条件充满挑战，你也能做出更好的决定。当各个方向的车辆从你身边飞驰而过时，在车流中开车会让人产生像是在与愤怒的顾客僵持不下的感觉，也许这时候还有其他人在排队等着和你说话。与客户打交道时，保持一种"软性关注"能让你看到周围的一切，你要倾听一切并进行观察和分析，但不会急于评判或陷入情绪状态。

人在感到放松的时候，就能为下一步的行动做出最合适的决定。在这种状态下，你的客户不太可能会变成你的对手，而是会与你和谐共处，并一同找到最佳解决方案。你的大脑会对客户服务状况中始终存在的多种可能性保持开放。"软性关注"能帮你保持平静，而这种平静也会感染到同一空间里的其他人。而当你用"厉眼"去看世界时，往往会错过很多正在发生的事情。

刑事检察官都知道，犯罪事件的目击者往往并不可靠，原因就是他们很可能太过专注于一个项目（中可怕的、有风险的部分），而忽略了其他一切。如果你看过视频《白队传了多少次球？》（*How Many Times Does the White Team Pass the Ball?*）就会发现，当你第一次看这条视频的时候，你会因为太专注于计算球被传了多少次，而忽视了直接穿过人群的那只大猩猩。在处理涉及愤怒的复杂投诉时，同一时间内发生的事情总是不止一件。

▇ 觉察你和客户的情绪

一旦你建立起自己的堡垒，就可以尝试利用它来使用一些技巧。觉察自己的情绪——这是最基本的方法。不要掩饰你的感受，要与它们保持联系。你的感觉是真实的，试图掩盖它们在大部分情况下只会使它们变得更加强烈。要觉察自己的情绪，你就至少得能说出那是一种什么情绪。

遗憾的是，许多人分不清"评判"与"感受"的区别。比如，当被问及他们的感受时，他们会说自己感觉"很好"。"很好"并不是一种感觉，而是一种对感觉的判断。情商专家认为，感觉会指导我们去思考，在当前情况下，什么才是必要的。即便你感到紧张，也可能会说感觉很好。那么，人在紧张的时候，身体上会产生什么感觉？"感觉"一词能为我们提供一种线索：它是与身体有关的。

让我们来看看愤怒是什么感觉，因为从客户和我们自己身上可能都能观察到它。那是什么感觉？每个人都有自己感受愤怒的方式。尽管如此，人在愤怒时，还是会有一些常见的身体反应，包括心跳加快、身体发热、手掌出汗、拳头紧握、斜眼、感觉胃部翻江倒海、肌肉紧张以及颤抖。一旦你注意到自己身体上出现了这些反应，也就可以认为自己现在正处于愤怒之中。你对自己的情况了解得越多，就能更好地识别情绪，尤其是原发情绪（primary emotion）。

原发情绪包括恐惧、愤怒、喜悦、悲伤、厌恶和惊讶几种。有些心理学家认为轻蔑也算是一种原发情绪，但即便算上它，这个列表也不长。一旦你将自己的感觉标记为愤怒，你所动用的就不再是控制感觉的区域，而是大脑中的其他部分。此时，你的大脑活动正从情绪脑转移到认知脑，从感觉脑转移到思考脑。

如果你觉察到了自己的愤怒（记住上面列出的所有症状），要知道你的客户或许也能感觉到这种愤怒。人类天生善于识别他人的情绪，甚至可能比感知自己情绪的能力还要好。

例如，当友好与快乐的气氛不再，而愤怒却涌入房间的时候，我们通常都有感觉。问问自己，当客户觉察到你的愤怒或厌恶时，他们会有什么感觉？他们肯定不会有心情送你包装精美的礼物。我们会提供几种方法来帮助你缓解或减少可能感受到的特定情绪，而不必压抑它们。

最好的方法之一就是深吸一口气，然后慢慢地呼出来。如果你让愤怒控制了自己的认知脑，你很可能会把注意力从客户身上移开，收起微笑，然后开始生闷气。你甚至可能会忍不住告诉客户，如果他们继续生气，你也帮不了他们。而这只会引起更多的愤怒，接下来，你的愤怒也会点燃对方的愤怒。

使用认知重塑法来帮助自己接受愤怒，不要让它控制你。例如，提醒自己收到的是一份礼物。客户虽然不满，但他们仍想要解决他们的问题，如果你能帮到他们，他们最终可能会对你更加忠诚，更加感激，这样你就能以某种程度的友好氛围来为这场交流收尾。这让人想起阿克沙伊·杜比（Akshay Dubey）的名言，他是一名持证的登山运动员，也是《古怪户外》（*Eccentric Outdoors*）探险杂志的负责人。他说："治愈并不代表伤害从未存在过。但它意味着伤害不会再控制你的生活。"

在生命的早期阶段，我们都会遭受情感落差之苦。而到了 20 多岁，我们也还没有完全发展出自己的情商，不幸的是，很多服务行业的从业者都是在这个阶段进入了这个领域。当人们成长到 30 多岁、40 多岁、50 多岁和 60 多岁时，我们才能更了解自己的情绪。年长的人通常更善于处理投诉，因为他们更了解自己。

▣ 在收到有问题的投诉后，重置思维

坚忍不拔的第三个基础是一个常识性的想法，即如果你能从上一次困难的投诉处理经历中清醒过来，你就能更好地应对新情况。

放手上一个投诉案例意味着不再与之纠缠不休。如果你能在周围筑起一座堡垒，并把投诉挡在堡垒之外，那你在当天余下的时间里就不太会受到它的影响。你可以做点不一样的任务来清空你的大脑。如果你坐着，就站起来走走，吸一口气，有意识地把遇到的事情从自己的身体和头脑中甩出去。或许你会认为这是不可能做到的事，但事实并非如此。

运动员是实践这种技巧的大师，因为他们一直都在这么做。他们在运动生涯的开端就被教导要放下眼前的比赛，专注于接下来要做的事情。设想一下，如果篮球运动员一直在想着其他球员故意肘击撞人而没有被裁判发现的事情，那么

他们就看不到对面正传过来一个完美的投球，而他们可以轻而易举地将其投进篮筐。投诉处理者或问题解决者也有类似的机会，如果你能认识到这一点的话。

每次你与新客户展开的互动，都相当于投诉处理生涯中的一次新体验。你得为每一个人做好准备，而这就需要你放下过去。虽然与难缠的客户打交道的时间只占到全天的20%~30%，但如果你不放下过去，那这一小部分的时间将在之后继续压制你的精神耐力，使你在工作结束后仍感觉疲惫不堪。而这也会对你与下一个客户的相处产生一些副作用。

你可以采取几个小步骤来帮助自己放下那些不愉快的遭遇。想象一下，即使客户的愤怒正全力向你袭来，但并不是非得让它冲击你的身体。再想象一下，当强烈的负面情绪向你袭来，你可以把你的一侧肩膀向后移动一点，看着那道负面情绪从你身边飞驰而过。你甚至可以转过头去，亲眼看着它走远。有些人会使用一个简单的咒语，比如"让它去吧"，然后再次投入工作。你是有选择的。不要在客户对你态度恶劣的时候要求他们道歉，即使那是他们该做的事。在任何情况下，你都无法控制他们的反应，所以不要冷嘲热讽地说："好吧，至少你可以道歉。"是的，这很好，但他们没有义务这样做。就让它过去吧！除非你真的这么选了，否则你也不会拥有这个结果。

有一天，我在给一群企业听众讲授抗压课程时，我意识到除了说"让它过去"，我还需要做另一件事。在工作结束，要迈入家庭生活之前，我得好好休息一下。这让我想到了设计第一批潜水艇的工程师。他们发明了一个逃生舱口，这样当潜艇沉入水中，潜水员需要自救时，他们就可以在不击沉潜艇的情况下逃生。他们会进入逃生舱口，关上潜艇内部的门，然后打开通往海洋的门，让水进入逃生口，一旦逃生口被水填满，他们就可以进入水中，而回到潜艇里的步骤则正好相反。

如果你能将工作与家庭生活隔开，那么你在职业生涯里遇到的那部分客户就不会影响你的个人生活。许多人告诉我，他们回家时已经筋疲力尽，可脑海中还是会不时想起讨厌的客户。你要在工作和家庭生活之间建立一个"逃生舱口"或是"走廊"，想象一下位于水和潜艇之间的逃生舱口，或者客户和你的个人生活之间的交集。我所说的"走廊"不是一个物理空间，但你在工作日的尾声或家庭生活的开始所做的任何事情都将有助于你打造这个"逃生舱口"，它会把你的生活和工作分开。"逃生舱口"需要具备三个特性：

- "逃生舱口"应该是工作日结束的信号。这对在家工作的人来说更具挑战性，但它是可以实现的。"逃生舱口”可以是离开你的工作空间（特定的家庭办公室或办公桌），一旦工作完成就不再回来。我认识的一些人从不在自己家里的工作空间之外讨论业务。

● 好的“逃生舱口”必须是欢迎你进入其他领域的，比如你的生活、家庭或爱好。如果你有花园，就在花园里工作。或者和某人一起散个步——虽然时间很短，但它代表着在工作与家庭之间存在空间。

● 适当的“逃生舱口”应该让你在进入之后比进入之前更有活力。最好的“走廊”就是运动。而酒精，可能不是。

如果你在客服中心工作，你可以在自己的工作空间内建立“逃生舱口”。当你需要一点空间来逃离艰难的客户互动，或是要缓解一下情绪时，你可以在办公大楼里找到一个空间，把它当作“逃生舱口”。你可以从困境中走出来，到一个安全的地方，重整旗鼓，然后充满韧性地回来。你把这个技巧练得越熟练，那么你需要花在“逃生舱口”里的时间就会越少。

▆▎ 从困难的客户互动中学习

这一技巧的基础是，我们可以从困难的客户互动中学习，即使我们需要远离周围发生的事情。但这并不是我们能从休息中得到的唯一好处。如果你有过复杂的互动，那么你可以找人谈一谈。我曾与一些公司合作，它们会定期举行"让我们休息一下并谈谈"的会议，有时是在一天的开始，有时是在午餐时间或一天结束时。这些会议让参与者有机会讨论他们所遇到的具有挑战性的互动。

这种会议提供了一种交流渠道，让同事之间可以分享经验，比如："我昨天接到了一个怒气冲冲的来电，我是这样做的。我向客户保证，这是由我们的沟通不够清晰所导致的，我们的团队会讨论发生了什么，所以以后也不会再犯这种错误。这并不完美，但客户真诚地为自己的愤怒道了歉，并说了再见。我再次感谢了他们，挂断电话的时候，他们还是很高兴的！"

▆ 让客户知道他们对你很重要

这一技巧的基础是向客户表明他们对你很重要。记住，你正在接受一份礼物——也就是投诉。当你开始与客户互动时，请在脸上露出"我将收到一份礼物"的表情，并在肢体和声音中去感受它。这有助于你在互动开始时就用非言语的状态去迎接对方接下来要说的话，这样一来，客户就不会对即将发生的事情感到紧张。

客户来登记投诉的时候都很紧张，这种紧张在他们的声音和肢体上表现得最为明显。他们在观察，希望你能帮助他们。无论他们是否能意识到这一点，他们都在仔细观察你向他们发出的所有非言语信号。许多人都知道阿尔伯特·梅拉比安（Albert Mehrabian）提出的观点，即非言语交流占到了交流总量的 93%。这是一个误区，因为它忽略了梅拉比安提出的一个更重要的问题：当非言语信号与说出来的话相悖时，非言语信号在沟通中占据了更大的分量。例如，如果你皱着眉头说："有什么可以帮你的吗？"客户会自动把更多的注意力放在皱眉的动作和你的语气上，而不是放在"要帮你"的那句话上。

我们传递出的信息会被如何解读在很大程度上受到说话内容和说话方式一致性的影响。这就是为什么只是面带微笑并不能说明你是一个友好的、会为客户提供帮助的人。但是，在某些伤筋动骨的重大情况下，非言语信号至关重要，此时，给出一个真诚的微笑是会有帮助的，这也正是微笑为何必不可少的重要原因。维多利亚·弗罗姆金（Victoria Fromkin）、罗伯特·罗德曼（Robert Rodman）和妮娜·海姆斯（Nina Hyams）在一篇经典文章中指出，非言语成分的作用（特别是在服务互动中）往往十分突出，因为情绪的主导地位难以撼动。客服人员主要都是在与陌生人打交道，而情绪可以告诉我们周围是否存在危险。

其他知名学者认为，非言语交流会揭示人的真实意图，它也是感受交流的核心。这不是说要在你的脸上贴上微笑的标签，而是要让你的整个表达方式都贯穿着"投诉是礼物"的思维模式。"你对我很重要，我了解你，我将尽我所能地帮助你，因为你即将送我一份礼物！"这种沟通方式适用于标准的服务交付，而在处理投诉时的效果尤其好。下面让我们来考虑三种能表明客户对你很重要的信号。

·信号 1：你对我很重要

如果客户知道他们对你很重要，你自然就能在沟通中更占优势。展示客户对你很重要的一个方法是认真倾听，这是同理心的重要组成部分。表明你在倾听的一个方法是做笔记。如果你更习惯专注解决问题，而不是关注你正在帮助的人，你可以通过增加同理心来改变你服务的重点。当客户看不到你的时候，告诉他们你会在和他们说话时做笔记，这样你就能记住他们说了什么。

我最近与两名苹果服务技术人员进行了交流。在我被移交给更有经验的技术人员后，我看到了初次通话时他们所做的笔记。其中一组笔记实在是太简短太粗糙了，我不得不把所有内容都重新说了一遍。第二组笔记则需要花点时间来阅读，但所有的东西都记下来了——所有的东西。猜猜我对哪位技术人员的服务更为满意？而且他确实做到了。如果一个朋友保存了你多年前的信件，你认为自己对他们来说有多重要？尤其是比起那些立即把你的信件扔进垃圾桶的人呢？在处理投诉时，绝对不要在听的时候一心多用，比如回复电子邮件或完成之前的文书工作。客户能感觉到你对他们的忽视，要让他们知道他们对你很重要。

如果你相信这一点，就告诉客户他们对你很重要。每个人都喜欢听到这样的话，特别是当服务出现故障时。记住，同理心是"人际关系的心理强力胶"。告诉客户他们对你很重要的另一种方法是在服务出现故障时表现出个人的失望，不要只是对他们说你为给他们带来的不便感到抱歉，要表现出同理心。这意味着你要让他们看到，如果这种事发生在你身上，你也会感到难过或失望。

·信号2：我了解你

告诉顾客他们很重要的另一个信号是展示你对他们的了解。表明这种了解的一个有效方法是保持同调（pacing）——也就是镜像模仿（mirrorring）对方的反应，展示你理解他们和他们的需求，并以此来建立起联系。沟通中的同调通常是指双方说话的速度或任何其他的听觉表达，如音调或音量的一致。而镜像模仿具体指的是适应对方的姿势、呼吸和面部表情，以及其他身体属性。在现实中，这两个概念是可以通用的。当同调或镜像模仿发生时，你与某人的步调是一致的。客户会从你身上看到自己的反应。同调和镜像模仿都是创造融洽关系的工具，当人们关系融洽时，他们会更加宽容，更愿意接纳。站在客户的角度上，你通过展示你理解他们和他们的需求创造出了一种联系。当他们看着或听着你的时候，看到或听到的是一个与自己相似的人。如果客户看到的是一个与自己情绪同频的人，他们会在不知不觉中就认同你是真的了解他们。俄勒冈大学（University of Oregon）的心理学教授萨拉·霍奇斯（Sara Hodges）非常鼓励正念行为，她说："关注其他人会让你因他们的经历而感动。"

你可以重复客户认为对的东西来引导事实信息。例如，如果他们报告说自己订购的货物晚到了，你可以轻松地重复："谢谢你让我知道。我很抱歉你的包裹晚到了。"情感同调是在说或听的同时，通过身体语言或词汇的使用来实现的。如果客户看起来很痛苦，就不要对他们微笑。相反，此时你给出一个关切的眼神会让他们的情绪得到缓解。这么做可以帮助你将对方的情绪反映给他们，并表明你理解和知道他们正在经历的事情。如果你能有意识地关注客户的节奏，那么你就能主导交流的情感内容。当你表现出同理心的时候，就能帮助客户调整他们的节奏。"这实在是太糟糕了。我只能通过想象去体会你的感觉。"

出于某种原因，许多年轻员工不会自动自发地这么做。我们早在一岁左右就开始在家庭和与朋友的交往中学习情感技能了，所以我们一生都在追求与他人同频或是模仿别人。有可能有些客服代表并不使用这些信号，因为他们认为个人技能在工作环境中无法奏效。管理者在看到组织中出现了同理心行为时，应该赞扬这种行为，要直接说明同理心和同调的重要性。

当客户认为企业中有人犯了错误，没能把订单按时送达时，你就需要运用另一种同调。在这种情况发生时，客户更有可能会感到愤怒、厌恶并开始指责。任何暗示你会处理这个问题的语言都会让客户相信你们会处理好这件事："谢谢你让我知道。这本不该发生的。我非常抱歉，我将尽我所能来纠正这个问题。"告诉客户你会不遗余力地去做一些事情——即使事实证明他们在下订单时也犯了一个错误。不要责怪企业里的其他人（例如"都怪那些负责运输的人"），只要着手解决这个问题就可以了。

如果你能专注于用言语来表达自己是对方的合作伙伴，你理解他们的问题，他们就会更愿意与你合作。作为合作伙伴，你们两个人一起与真正的问题——也就是投诉本身——

做斗争。要做到这一点，有一个方法，就是保持友善并且记住客户的名字。我和一个团队曾与维京号海洋游轮上的船员一起工作，我们花了两天时间去教授和示范何为非语言暗示，特别是如何展现友善。我在船上走来走去，给工作中的船员们拍照。他们的脸上总是挂着灿烂的笑容，眼神交流也很坚定。然后我把这些照片拼成幻灯片，给他们看自己的表情。这些图像说明了一点：他们喜欢看自己的笑脸，毫无疑问，客人们也喜欢看。在整条船上，与多个部门互动的乘客都感受到了船上的友好气氛。在这种善意的氛围中，乘客们很少会感到烦躁。而当船员们犯了小错误时，大多数乘客都会原谅他们。毕竟，面对一群那么乐于助人、面带微笑的船员，怎么可能去苛责他们！

使沟通同调的另一种方式是对不同的沟通方式保持警惕。我只简单地提一下这个主题，因为它既冗长又很复杂。你可以学着注意那些表明客户正专注于完成某件事情的线索：比如他们希望尽可能快地完事并掌控局面。你也可以学着去识别相反风格的线索，那些表明他们更关心与你建立联系的线索：比如他们通常很有礼貌，更愿意暗示而不是直言。还有一类人有很大的能量，他们很活跃，不喜欢无聊，他们希望你在关注他们的时候也是充满活力的。最后一类人更注重精度和质量，他们不喜欢犯错和信息不对称的情况。如果你想掌握同调的艺术，参加一个有关沟通风格的研讨会可能是最简单的方法之一。这有助于避免我们用消极方式来对抗某种风格。一旦掌握了这个技巧，你就可以很好地辨识出这些风格并掌握其节奏。

·信号3：我将尽我所能帮助你

当我提出投诉，变得心烦意乱，然后听到服务提供者表示他们要做点什么的时候，我的烦闷就会烟消云散。"我为什么要对他们生气？"我问自己，"他们在试图帮我。我应该与他们合作。"我怀疑每个人都会这样做，但大多数人在投诉时都会以自己的利益为重。他们希望某些事情能有个了结，如果他们认为这能办到，往往就会愿意合作。除非客户完全失去控制，否则只要说明你会帮助他们，就能让他们安定下来。

摩西·达维多（Moshe Davidow）在做全美客户愤怒研究时专注于调查不良投诉处理的发生频率：约有50%的受访者说他们从未收到过对其投诉的答复。无论面对的是什么问题，他们都不得不联系客服大约3.5次才能解决问题。达维多总结说，就是因为服务恢复实施得并不充分，企业正将数百万美元扔进一个天坑中。

许多客户在遇到问题时，预设了"就算去投诉也会处理得很糟"的想法，所以他们可能会表现得很生气。但是，如果他们得到的回应是"我会尽力帮你"呢？他们会不会更乐于接纳？而且这么一来，是不是也更能让他们从服务提供者那里得到好的服务呢？这种技巧的基础与情绪传染有关。人们倾向于被彼此的情绪所感染，当有人在你身边大发雷霆时，你很难毫无反应。传染性情绪可以是消极的，但也可以是积极的。如果有人对你说"我会尽我所能来帮助你"，你会感染的情绪就是积极的。这种传染可能是在无意识中发生的，但还是能感觉到的。

下面的案例是苹果公司一般服务方法中的一部分，但它也适用于投诉处理。苹果公司告知他们的员工不要去纠正客户，技术人员要用"嗯"和"我明白"来表明他们在听。天才吧团队在给出坏消息时要说"事实证明"，而不是"很遗憾"。他们从不纠正客户的发音，因为这听起来太过傲慢。他们会说："让我看看我能做些什么。"所有这些都有助于促进正面情绪的传染和减少负面情绪的传染。

我在等待天才吧技术员测试我的计算机时亲身体验了"让我看看我能做什么"这句话的妙处。我看到一个六岁左右的小男孩走到柜台前，伸出小手，手里拿着一部屏幕严重开裂的苹果手机。他一脸沮丧地看着那名苹果公司的客服代表，用微弱而惊恐的声音说："我的苹果手机坏了。我把它摔在了地上。"他的姐姐大概十岁，双手叉腰站在旁边，脸上带着厌恶的表情。孩子的妈妈看起来也不太高兴。苹果公司的客服代表轻轻地从小男孩手中接过手机，说："是啊，它确实坏了。你知道，如果是你自己摔坏的手机，我们是不负责的。不过，还是让我看看我能做些什么。"他走进柜台里间，消失了。我们站在那里等他回来。几分钟后，他拿着一个包装精美的新苹果手机出来了。他把它递给小男孩说："我们要为你做一件特别的事，我们会给你一部新的苹果手机。给你。也许你应该买个手机壳，这样即使你再把它掉在地上，它也不会坏了。"那个小男孩几乎高兴得跳了起来，尤其是当他看向他姐姐的时候，她现在看起来很羡慕。当他长大成人并度过漫长一生的时候，他可能会不断得到新的手机，但即便如此，他也会一直记得这件事的。

排在后面的一个中年男子走了过来，递给店员另一部完全损坏了的苹果手机，上面掉出来一堆电子元件，他说："手机被我的车碾坏了。"苹果公司的客服代表仔细地看了看，说："是的，它已经没法复原了。我们不承保被车碾过的手机，但让我看看我能做些什么。"他又回到了里间。我们站在那里等着，我完全被吸引住了。他要做什么呢？他从里间走出来，手里拿着一部未拆封的苹果手机，说："我们可以这么做，我们卖给你这部新手机，而且可以优惠 100 美元。您看这样可以吗？"客户满意吗？从他脸上的笑容来看，我肯定他是满意的。他知道这是他的错，他开车碾坏了自己的苹果手机，但他刚刚省下了100美元的换机费用。

从这些例子里能看出两件事。要做出这样的决定，苹果公司的客服代表一定得到了授权。我敢肯定他没有和里间的经理商量过他能做些什么，他只是回到那里，站了一会儿，然后拿出一部崭新的苹果手机给客户看。这就是戏剧性的一幕！两位苹果用户都高高兴兴地走出了商店，而他们都很可能会成为苹果公司的终身用户。苹果公司之所以会成为纳斯达克股票交易所中第一个市值突破10000亿美元的公司，这样的回应方式或许功不可没。

如果你仔细听一下上述案例中使用的语言就会发现，要创造一个有感染力的情感瞬间，方法之一就是使用伙伴关系式的语言。这种语言有助于增强双方之间对等的感觉。如果你很难想出要怎么说，可以试试下面这些话：

- "让我们看看我们能一起做什么。"
- "让我们把这个问题解决了吧。"
- "如果你那样做，我就这样做。"
- "让我们这样做吧。"

互惠意味着"我会为你做一些事情，而你可能也会为我做一些事来作为回报"。在处理投诉时，你解决了客户的问题，希望他们会回来并保持忠诚。这是一种互利的交换。即使没有明说，但它也同样适用于我们的一切人际关系。所有的互惠关系都会在潜意识里产生"以报还报"的需求。苹果公司的案例同时证明了互惠和情绪传染的原理：慷慨会带来慷慨。

在拒绝的同时保持良好的人际关系

沟通中最不舒服的事情之一就是客服代表被要求对客户说"不"或是认为他们应该说"不"的时候。重要的是你要记住，关键不在于解决什么问题，而是如何解决，这关系到客户是否愿意再次与你合作。这一切都取决于你说话的方式。有时你必须说"不"，然而客户会做何反应，取决于你说"不"的方式，如上所述。这里有一个说"不"的六步法。它可能看起来很复杂，但如果你注意过朋友之间是如何说"不"的，你就能觉察到这些步骤，并且不假思索地用上它们。

1. 做一个小小的"哦"的表情，发出遗憾的声音。这样开口会让顾客知道你要说"不"了。

2. 做一个积极的声明，如"我希望我可以……"，然后说明他们希望你做什么。

3. 拒绝。你可以用道歉的形式把它说出来。"我真的很抱歉。我很想……"

4. 解释你为什么不能这样做。"但我必须……"

5. 就你们的关系给出另一个积极的声明，例如"我真的很抱歉，我不能……"。

6. 提供一个替代方案，例如"也许我可以……"。

比方说，你要告诉顾客某种商品没有他们想要的颜色了，你可以这样说：

"哦（脸上露出遗憾的表情），真希望我们有你想要的颜色。它很漂亮，不是吗？我真的很抱歉，那个颜色没有了，从第一天起就断货了。这是一种非常受欢迎的颜色，现在由于供应链的问题，至少要再过一个月才能到货。我很抱歉。但也许我可以推荐深绿色的这款。之前有另外两位女士也买不到黑色，结果买了深绿色，我刚收到她们的消息，她们表示很喜欢这个颜色。您可以试试，如果不合适，我们可以免费退货。"

你还可以做一些其他的事情。例如问一些问题，看看是否必须要拒绝对方。也许客户没有给你足够的信息来帮助他们，或者你没有完全了解对方的需求。记住，不是说"不"

这个词引发了愤怒，而是说"不"的方式引起了愤怒。你可以提供替代方案，但不要做出你无法兑现的承诺。告诉他们你会怎么做，这可能只是一种进一步的研究，看看有什么可能性，例如"让我看看我能做什么"。如果一句话说了会令对方失望，那么说的时候就要温柔一点，告诉他们你也不喜欢对他们说"不"。为了建立同理心，去问问你自己，假如被拒绝的是你，你会有什么感觉？记住，即使你在过去的 10 次电话中已经迫不得已地拒绝过 10 个人，但眼下的这个人也是第一次听到你说"不"。

✎ 核心信息

客服人员为了避免在与难以应付的客户打交道后情绪崩溃，坚忍不拔的心理素质是必不可少的。

人类善于识别他人的情绪，甚至可能比感知自己情绪的能力还要好。良好的投诉处理需要客服代表能够识别和说出自己与客户的情绪。

每次与新客户展开的互动，都相当于投诉处理生涯中的一次新体验。

创造一个投诉处理人员可以相互学习的环境至关重要。

非言语交流会揭示人的真实意图。对我们来说，关键是要告诉客户，我们会尽一切努力来帮助他们。

非言语交流可以表明你与客户是伙伴关系，这将使你更容易与他们之间建立起合作关系。

伙伴关系式的语言（"我们"和"让我们"）会增强互惠的感觉。要尽可能多地使用这种语言。

💬 讨论提示

坚忍不拔对你而言意味着什么？你认为作为一个投诉处理者，你有多强的毅力？

你会将投诉个人化吗？组织如何才能帮助我们所有人在表现出同理心的同时又不被投诉冲昏头脑？

觉察到你和客户的情绪有多重要？你是如何读懂客户情绪的？

在一次艰难的互动之后，你如何清理自己的大脑？你的组织如何能更好地支持和帮助处理投诉的客服代表，让他们摆脱不良互动所带来的影响？

如果你向客户展示他们对你的重要性，这可能会对他们产生什么影响？你都有哪些方法可以做到这一点？

你拒绝客户的最有效方式是什么？同理心在对客户说"不"时会起到什么作用？

第九章

世界变了——
网络客户投诉

新一代消费者会一边购物一边投诉，而这些年轻的成年人与他们的父母或祖父母不同。之所以不同，是因为他们越来越多地使用了电子媒体，也更喜欢通过互联网来进行投诉。客户和企业接触互联网的机会与日俱增。这是一个更方便、更容易被听到，也能更多产生沟通的渠道，如果客户觉得自己受到了冤枉，可以在上面投诉；如果他们感到满意，也可以在上面提出表扬。毫无疑问，互联网改变了人们投诉的方式——成千上万的人都能根据投诉发生的时间和地点来阅读这些投诉。约翰·普雷斯科特·埃利斯（John Prescott Ellis）是《波士顿环球报》（*Boston Globe*）的前媒体专栏作家，他对当今世界互联网做出的陈述令人叹服："互联网改变了它所触及的一切，它也几乎可以触及一切。"

互联网的影响

对习惯给出差评的人来说，在网上投诉很像飞车射击。因为投诉者不必面对站在他们面前的活人，所以他们觉得可以在社交媒体网站上自由发泄。此外，如果名人在推特（Twitter）上进行投诉，一条推特——或者油管网（YouTube）或抖音国际版（TikTok）视频——用不了24小时就能被数十万，甚至数百万人看到。如果名人呼吁人们抵制某家企业，就会给企业造成相当大的损害。

大多数面向客户的工作人员都不怎么去处理网络客户投诉，最多就是通过聊天框和对方聊几句。但是客服代表需要明白，每一个没有被充分解决的当面投诉最终都可能会被发布到大众平台或网站上。从这个意义上说，即使第一个与不满的客户交谈的人可能并不知道这段客服对话会被发到网上，但整个客服代表团队可能都会受到这些评论的影响。

另外，某些企业几乎在一夜之间就经历了加速增长，只因为某位名人的一个好评。我注意到，某天清晨，一位知名人士对某产品发出了一些正面评价，但我一直等到晚上才有时间去下单。当我去亚马逊网站的时候，该产品已经售空了，也没有说何时会恢复库存。只用了不到8个小时，产品就卖光了。

正如斯蒂芬·霍金（Stephen Hawking）的评论一样："现在，我们都被互联网连接起来了，就像一个巨型大脑中的神经元一样。"如果你还没有看过网上的投诉，那就花一个小时去感受一下斯蒂芬的巨型大脑现象吧。彼得·布莱克肖

（Peter Blackshaw）说："互联网是世界上最强大的焦点小组之一。"而且，它就在那里，允许任何人旁听。

其他企业也会因公众评论而遭受重创。站在公交车站旁边的几个通勤者之间的谈话所造成的损害，与今天一个愤怒的消费者在互联网上能发挥的威力是无法相提并论的。当今世界处处充斥着视频、智能手机摄像头、信息高速公路和即时通信，在这样一个世界里，不完善的服务或未能实现承诺的产品都会无所遁形。

▦ 互联网是一个快速进化的婴儿

今天的市场研究人员认为，传统上用来收集和分析客户意见的方法已经发生并将持续发生改变。调查、焦点小组和一对一访谈正在被聊天室、博客、留言板和在线论坛所取代。说世界已经改变一点也不为过。更重要的是要理解，迄今为止的这些波动只是未来将要发生的巨变的前兆。这意味着我们现在所读到的任何建议（包括本章）主要都只针对当今的现有技术。

对企业来说，适应互联网有多难并不重要。它存在，而且可能还在发展的起步阶段。既然互联网的大门已经打开，我们就要弄清楚如何积极地与之相处。倘若能有一个与今天相关的具体建议，而且它还能涵盖所有处理在线评论的平台，那就太好了。除非人们的智力水平普遍很高，否则几乎不可避免的是，再过几年，一定会出现更好的建议来解决网上评论和投诉的所有现实问题。

也许更关键的问题是，有多少企业会接受今天的建议，遵循当下有意义的准则，然后愿意在明天做出改变？这些变化意味着，企业在处理网络客户投诉方面需要特别灵活，但并非所有的组织都能如此。对你而言的关键在于，你的组织在这个领域中是否足够灵活？

过去，企业会收到并回复投诉客户的影印投诉信件。如今，他们大多会阅读网络客户投诉，再在同一个平台上撰写评论。因为是书面回复，所以大多数企业都需要重拾写作技巧，以便能在社交网站、聊天框或电子邮件里用上。他们还需要雇用能快速有效地完成这项工作的人才。当书面投诉主要以信件的形式到达时，大多数企业都会建立一套程序来指导员工如何给出书面回应。而今天的情况似乎有了改变。

有一些技术工具可以帮助你模仿别人写评论或发电邮的语气，这样你就能改变自己的风格以配合发件人的步调。Libretta 就是这样一个工具。它使用专利人工智能技术，可以自动识别作者的动机以及他们的想法，然后在写作特定文件时做出决策。例如，我给 Libretta 的开发者发了一封电子邮件。有人对我的风格进行了如下分析："你使用的语言表明，你倾向于根据对你来说重要的事情来自己做决定，你不喜欢别人告诉你该做什么。"这个描述简直太准确了。

如果有人知晓了我的风格，并利用这一信息对我的书面投诉或评论做出回应，会有帮助吗？比如一封这样开头的回信："谢谢你。基于你所关切的问题，我建议……"这种开场白对像我这样的人来说，会比"让我告诉你需要做什么"更能引起共鸣。Libretta 推荐的语言能产生相当神奇的魔力，你可以在我们的网站上看到它的使用演示。

让我们来看看这个关于酒店在线评论的调查。来自酒店客户调研公司（Market Metrix）❶ 的研究人员发现，约 85% 的酒店没有监控与回应在线评论的指导方针。另一位研究人员发现，管理层对在线评论缺乏回应是因为管理人员不知道该如何回帖，至少在酒店行业是这样。有几位管理人员认为，如果满分是 5 颗星，那么拿到一个 3 颗星的点评算不上是什么负面评价。一些酒店公司面临着管理层的变化，而新的管理团队对如何使用社交媒体缺乏基本的了解。

我们除了要了解在线评论的重要性以及如何在这一领域运作，在电子媒体时代，一些与当面投诉处理有关的原则仍

---

❶ 专注于为酒店提升顾客满意度的市场调研公司。——编者注

然适用。毕竟我们都知道，现在投诉处理者在处理当面投诉时所使用的许多原则和技术，都是在当时处理纸质投诉时行之有效的。每位高管都需要跟进相关研究，看看有哪些新策略和现有工具可以帮助有关人员去处理这些反馈。

大数据研究能教给我们什么

2 000万客户反馈的样本量对你来说是一个重要的数字吗？这个量级十足让我吃了一惊。这种规模的分析将改变我们对网络客户投诉行为的所有认知。

长期以来，酒店行业一直就在线评论提出了三个基本问题，三位教授在《哈佛商业评论》（*Harvard Business Review*）的一篇文章中对这些问题进行了回答。他们分析了几大旅游平台的2 000多万条在线评论。

- 服务人员应该根据评论的积极或消极而做出不同的回应吗？是的，最大的区别是一定要对负面评论做出回应。

- 响应时间对企业声誉有什么影响？这很重要，而且越快越好。

- 对正面和负面评论的回应时间应该不同吗？是的，负面评论应该得到你的即时关注。

这些答案都是从旅游平台上获取的。为了寻找在线评论的模式及趋势，涉及该主题的大数据研究领域在不断扩大，但无论如何，2 000万次的分析量级都算得上是一组"大数据"了。这意味着如果我们只听取了一位客户的单一评论，那么在得出结论的时候就必须要谨慎。但同时，在大数据的应用程度上，个别投诉者和他们所经历的反应会在混合后变成缺省数据。有时，反而是单个投诉者给出的反馈最有帮助。

大数据能帮助我们更好地理解业务问题，而如果样本量太小，就做不到这一点。过往的研究模式主要是针对个人或个别企业进行调查。一个样本量是3 000人的研究无论在过去还是现在都算是一个大规模的研究了，但相比于对2 000万条在线评论的分析，3 000人的样本尤显微不足道。我应该指出，现在已经有更多的资金被投入能做大数据分析的应用程序当中。这些分析越来越普遍，它们提供了不同的结论，帮助我们从在线评论中学习经营和管理经验——不仅仅是在酒店行业。大数据将成为未来研究的首选方法。有了更多的可用数据，我们就更有可能得出完整的结论，而研究人员提供的建议也将更为可信。

在管理正面或负面的客户评论时，组织的一个关键指导方针是要建立起有关在线评论的相关政策，并且跟进它的实施。这种持续的跟进是一种比处理单个客户的投诉更为重要的投资。

上面提到的三位哈佛商学院的研究人员根据他们对酒店业 2 000 万份样本的分析提出了五条原则。他们表示，这些原则可以对网上的酒店业声誉产生积极影响。正如作者所述，如今约有 89% 的消费者都会阅读在线评论回复，因此，这五个原则非常值得研究。他们的建议"减轻了未来潜在的负面评价，并将正面评价的好处最大化"。以下是他们研究的原则，即解决上述三个基本问题的收获。这是我们能从大数据分析中学到的东西。

原则 1：对于网上的正面评价，要给出一个通用的简短回答，比如"谢谢，感谢您购买我们的服务并提出评论"。如果你的星级评价很高，客人会更愿意留下。他们不太可能只因为你对他们的优待而和你待在一起。

原则 2：对酒店的服务平台而言，尚未回复的积极评论要被置顶。这样，积极的评价就不会因为已经得到了回应而被埋没。不要立刻就回复，要等评论沉到第二页（较少消费者阅读的页面）时再回复他们，语言要简短、通用，这也能为回复者节省时间。注意，并非所有的酒店服务平台都会采用这种方法。各个平台都有自己的算法，比如油管网和脸书（Facebook）[1]。找出

---

[1] 脸书（Facebook）现已更名为元宇宙（Meta）。——编者注

你的企业在哪个平台上的评论最多，然后研究这个平台上的评论是如何被安排的。

原则3：回复网上的所有差评。这将给客户一个机会，看到管理层对负面评论采取了什么措施。如果网上已经有类似的反馈，客户就不太可能发布同样的差评。

原则4：针对具体投诉提供量身定制的解决方案，以此来处理网上的差评。其他读者会看到你正在修复别人已经发现的问题。

原则5：迅速回应所有的差评。这样，任何阅读评论的人都会看到你的企业是致力于快速解决客户投诉的。

《哈佛商业评论》的三位研究人员表示，他们的建议适用于整个酒店业，对大型连锁酒店的影响最为显著。因为评论量太大，酒店客人似乎并不指望大型连锁酒店会对他们发布的所有评论做出回应。然而，如果你是独立酒店品牌的经营者，那么你一定要回复所有的评论。最终，这项研究和类似的研究使人们得出了一个突出的结论：对线上的差评做出回应有助于塑造企业的在线声誉。

■ 快速响应和量身定制很重要

在研究人员对网上评论进行了广泛的数据分析之后，我们知道在处理负面反馈时，快速响应和量身定制是至关重要的。这通常意味着我们要雇用专门的员工（或签约的外部机构）来负责评论的阅读与回应。很明显，这需要投入人力和时间。

这是值得努力的。这不仅仅是为了挽回一位用强硬的措辞给出了差评的客户，而是在对大量的回应做出反应后，看到评价的改善。大卫·普罗塞耳皮娜（Davide Proserpio）和乔治·泽瓦斯（Giorgos Zervas）在《哈佛商业评论》上指出，"猫途鹰"旅行服务网（Tripadvisor）将酒店的平均评分四舍五入到了最接近的半颗星。比方说，如果一家酒店的评分是4.26，那么现在就可以升至4.5；而如果一家酒店的评分为4.24，那么现在就会降至4。对查看评论的人来说，这是很明显的星级差异，每家酒店都应该努力把自己的星级评价提高一到两个档次。普罗塞耳皮娜和泽瓦斯说得很清楚：星级评价的提高会直接关系到酒店预订量的增加。

我在演讲中问与会者是否会阅读酒店的评论，几乎所有的人都举了手。普罗塞耳皮娜和泽瓦斯还指出，酒店星级评定的微小变化会影响人们对酒店质量的看法。他们在研究过程中发现，有 1/3 的酒店的评级在其管理者对网上评论做出回应后的六个月内提高了半颗星或更多。他们的结论是：评级的提高与酒店的回应方式直接相关。因此，在线评论的影响是可以调控的。

由于"投诉是礼物"思维模式的原则之一是不打压负面反馈，而大量的数据收集最终可能会减少反馈。哈佛大学的研究人员认为，精明的客户会减少负面帖子的发帖量，因为他们不希望自己与酒店管理层之间的在线交流被永久保存在互联网上。这可能是一件喜忧参半的事，但它就是这个游戏目前的玩法。

在阅读了多年的酒店评论后，我仍然觉得去旅游平台上看各个酒店的评论是很神奇的一件事。我会查看他们对评论的反应，尤其是负面评论。许多回应显然是经过编排的。在很多时候，你分不清这些评论针对的是哪条投诉，甚至分不出它们是在评价哪家连锁酒店。许多回应中都会使用"谢谢"和"我们道歉"这样的说法。然后，如果客户说了什么，它们就会立即转向去评论顾客喜欢酒店的地方，从而强化正面评价。当它们处理负面反馈时，它们都"真心希望"顾客能再给自己一次机会，以证明"我们致力于为您提供更轻松和积极的体验"。但这并不能满足那些认真参考其他客户的经验来预订优质酒店的人，因为他们很难想象这家酒店到底是什么样子的。

但是，如果使用的是"礼物公式"，那么回应中就会包括关于具体问题的声明，以及酒店已经或将要如何去解决这些投诉。其他潜在客户会看到，酒店实际上是在做一些具体的改进措施，而不仅仅是想在酒店网站上把房间卖出去。

■■ 被隐藏的网络客户投诉依然具有杀伤力

在线评论及其回复主要出现在特定的行业平台上。但如果它们被发到社交媒体平台上，就会像病毒一样被传播开来。有时仅凭一个人的负面体验就能使一个企业的声誉大打折扣。我有一位从事演讲行业的朋友，他在自己的受众里备受尊敬，为了更好地给大家演讲，他进行了大量的旅行。他在个人的脸书页面上记录下了自己乘坐西南航空公司（Southwest Airlines, SWA）航班的一次负面经历。我猜西南航空公司肯定会亲自联系他来弥补这一事件给公司造成的损失，因为我看不出还有什么更简单的方法可以让它在成千上万条投诉里找到我朋友的评论。这令人惋惜，因为很多演讲者都会选择西南航空公司的航班，而在我的经验中，该公司也很善于安抚不满意的乘客。以下是我朋友明确表达的投诉内容："经过了35年，我们终于要一拍两散。这些年来，但凡可能，我都忠诚地将西南航空作为我的首选，因为它们总是实话实说，即使会有伤害。但今夜我坐在跑道上，却得到了一些不真实的消息（而且3个月内出现了5次），只是为了让我继续向前走，而我就是这样做的……继续向前走。"

有了这样的评论，他的朋友在下一次需要乘坐西南航空的航班时就会刻意去寻找有关该公司的负面信息。这可能也会影响他们在未来预订该公司航班时的感受，以及他们会在平台上分享的故事。这个案例说明每一个流失的客户都可能给企业带来巨大的损失。然而，今天大多数航空公司并不关注那些在社交媒体上投诉的"抱怨不迭的乘客"。它们会建议乘客自行联系航空公司，但不幸的是，如果你曾试过这样做就会知道，要与航空公司的人说上话可并不是件容易的事。

大多数航空公司的乘客都知道旅途中可能会发生什么"不便"事件，但他们仍希望自己能够幸免。这是一个有关希望的游戏。航空公司确实会照顾他们的常旅客，但你必须直接打电话过去，在脸书上发帖是行不通的。

自从使用美联航的服务以来，我已经在该公司积累了超过 460 万英里（约 740 万千米）的里程。因此，我获得了一个特殊的美联航服务号码，每当我对航程有疑问的时候，都可以拨打这个号码。接听这个号码的人很了不起。有一次，他们安排人把我的计算机取走，送到转机的飞机上。我乘坐的是小型支线飞机，头顶的行李架放不进我的行李箱，当时我正在收拾携带的那些随身行李，所以把计算机忘在了黑暗的停机坪上。美联航与休斯敦的地面人员通力合作，将我的计算机顺利送达了目的地。他们把计算机装进汽车，没走航站楼，而是在停机坪上从一个登机口直接开到另一个登机口。因为机舱门已经关了，所以他们通过前窗将计算机交给了飞行员，然后飞行员再把它带到我面前，而我就在那里坐着。就是在那里，飞行员对我所做的一切表示了感谢！周围的乘客集体鼓起掌来。我完全承认是自己造成的问题。航空公司的做法是一种积极主动的投诉处理方式，因为一旦我离开休斯敦，拿回计算机的机会就很渺茫了。

有几个网站尝试过将投诉信息传递给航空公司，但这些网站的所有者大多认为最好的办法还是直接联系它们。不然的话，就只是把这个投诉的过程当作了一种发泄的方式。如果网上发布的投诉事件变得铺天盖地，那么美国国会将通过公众所称的《乘客权利法案》（Passengers' Bill of Rights）来解决一些令人丧气的问题。

根据《乘客权利法案》，乘客一旦登机就不能因为超员而被强行要求下机，另外，孕妇可以优先登机。禁止驱逐条款的通过是因为美联航航班上乘客杜大伟医生的事件（我在第四章中提到过）。这个条款之所以能通过不是因为乘客在网站上进行了投诉，而是因为全世界都看到了他遭受攻击的骇人照片。

对西南航空公司进行投诉的人应该从《乘客权利法案》

的一个条款中得到一些宽慰。根据这个条款，政府必须"调查"是否存在其他因素，使得"由于天气原因推迟了航班"这一说法既不公平也不真实。这种"调查"的说法有很大的回旋余地。分析人士表示，这个公众所称的《乘客权利法案》主要是为机组人员、航空公司以及像亚马逊公司这样想要使用无人机递送包裹的企业而编写的。不要指望网络客户投诉能解决广泛的运输业投诉问题。

正如约翰·普雷斯科特·埃利斯所说，想就网络客户投诉得出任何确定的结论，这一想法的问题在于，"互联网……几乎触及一切"。它是如此之大，让所有人都以成千上万种方式联系在一起。不过，这并不意味着我们不能从企业收到的网络客户投诉类型中吸取有价值的教训。"大数据"分析很可能最终也能帮助我们实现这一目标。

酒店业需要关注网络客户投诉，因为几条关于餐厅有蟑螂的投诉就会严重影响酒店的生意。不仅仅是酒店，餐馆和航空公司也都需要对负面评论保持关注。几乎所有人都会上网查看其他顾客在乘火车、租车和娱乐方面的体验。许多人在预约医疗服务前会查看医务人员的情况。零售购物者会查看包裹是否按时到达，以及某些产品是否达到了广告所宣传的效果，包括一般零售、服装、化妆，以及家庭清洁和收纳用品等。当顾客想要购买这些商品时，他们通常会访问自己打算下单的零售店网站，并阅读客户评论。或者他们会在谷歌上搜索自己想买的品类，并从消费者发表过评论的数十个网站中进行选择。企业需要确定哪些问题会让客户望而却步，并从这些视角来看待网上的投诉。

今天，我们需要对这个总课题进行大量的研究。我对于网络客户投诉，以及如何以合理简单、效果最优和损害最小的方式来处理它们的了解尚且不够。迈克尔·施拉格（Michael Schrage）在《哈佛商业评论》中警告说："打个粗鲁但准确的比方，餐馆解决对食物或服务的投诉时，给予了吵闹的顾客最慷慨的待遇，而不是奖励那些选择用更安静、更有礼貌的方式进行投诉的客户，这是在公开资助不良行为。"施拉格指出，就像面对面的投诉一样，在互联网上过度回应或补偿那些过分的投诉，会鼓励极端投诉或诉讼的产生。

以上几段话在 20 年前甚至都不可能写得出来。没有人知道电子商务在未来 15 年会是什么样子。我们知道，客户目前正在抱怨在网上投诉有多么困难。个体企业可以解决这个问题。客户不喜欢输入评论，或是评论后只是按了一下提交按钮，然后发现企业除了返回一条消息，"为给您带来的不便道歉"，什么评论内容都没了。这种情况只要发生过一两次，客户就会放弃了。企业需要对网站进行测试，以确保所有发送给它们的信息都能传达到公司的某个人。

对电子商务企业来说，把它们收到的关于网上购物体验、产品、不同类别的产品、退货政策、运输错误和运费的投诉区分开来也很有用。不要把你在网上收到的所有投诉都归为一类，对每种类型的投诉要有不同的处理方法。

✎ 讨论提示

互联网的广泛使用对你的业务产生了什么影响？

网络客户投诉如何影响了你与客户的日常互动？

通过倾听客户的意见，你对网络客户投诉有何认识？

你正在做些什么来掌握由于网络客户投诉而发生的所有变化？

你能做些什么来更好地利用你从社交媒体上了解到的关于本组织的情况？

💬 核心信息

最新一代的消费者在投诉方式上与前几代不同。

每一个没有被充分解决的当面投诉最终都可能被发布到大众平台或网站上，从而使每个人都要分担网络客户投诉的责任。

互联网是客观存在的，我们都必须弄清楚如何积极地与之相处。

许多商界人士还没有掌握处理客户投诉的技术和艺术。这是我们每个人都要分担的责任。

存在一个重大变化，即我们有能力使用大数据技术来观察大量的客户投诉行为。

通过使用大数据技术，我们能够回答有关网络客户投诉处理的基本问题。

组织需要建立如何处理网络客户投诉的指导方针和政策。

在回应在线评论时，我们既要做到快速响应，又要做到能够提供量身定制的信息。

第十章

随时了解网络
世界的状况

在网络世界中遇到问题是不可避免的。随着社交媒体的发展，每天都有大量的新应用问世，互联网的使用也越来越广泛，这就是当代世界的现实。这就像在结冰的池塘上滑冰：有些地方的冰很厚，而许多地方的冰非常薄。你可以采取一些战略行动，帮助你驾驭我们现在生活的这个新世界。

- 持续检查。
- 建立信心。
- 进行对话。

▰▮ 持续检查

如果想要每天检查有关你的企业及其业务的言论，可以有好几十种方法。有些方法很简单，例如设置谷歌警报。这样，每当在互联网上发现特定的短语，比如你的名字或你的企业正向全球推广的新产品，谷歌就会根据你设定的周期把相关内容转发给你。如果你从事酒店业，一定要持续检查所有售房平台，并给出空间让顾客留言。这类网站有很多，选用哪些取决于你的业务类别。现有的社交媒体监测软件程序也很有用，这些程序是不断变化的，新类别的应用会被定期添加上去，所以你要去网上搜索"社交媒体监测"工具，找到最新的。选出那些最适合你需求的工具，这当中包括营销人员工具、特定行业监测工具、免费程序，社交媒体管理者工具，以及小型企业的顶级监测软件程序等。这是一个新兴领域，有些软件程序可以搜索数百万个博客、数十万个留言板和数千个传统媒体资源，并为你生成摘要。

许多网站试图将交流限制在一个特定的人群中，不过，只要你有计算机就可以查询到已经发布的信息。一旦它出现在互联网上，就是每个人都可以用的，而且在大多数情况下，记录是被永久保存的。大家可以讨论客户的投诉，也可以就企业的任何事情发表不同的意见。某家金融信息公司树立了一个也许不太好的榜样，每当这家公司在网上发现任何关于它的负面信息，它就威胁要采取法律行动，因此这家公司看起来就像一个大恶霸。当它的行为被传播出去时，独立评估的可能性也就荡然无存。企业的目标不应是消除负面反馈，而是要意识到它，怎样才能对它进行回应。关闭互联网上的投诉入口并不能阻止人们讨论这些负面信息。

企业可以通过监控各个网站，在发现帖子的同时立即回复客户，将损失降至最低。英国火车运营商维珍列车（Virgin Trains）就是一个很好的例子。一名少年在使用车上的洗手间时发现没有厕纸，接着他做了一件很聪明的事，他掏出手机，在推特上发表了一条评论，说维珍列车没有厕纸，这使它们的服务水平下降了。他还把这条信息发送给了维珍列车的官方账户，公司办公室的人立即看到了这条推文，并给火车的工程师发了消息，说 J 车厢有乘客需要厕纸。工程师拿着一卷厕纸在火车上跑动，敲了敲指定的厕所门，说："先生，这是您的厕纸。"

这名少年随后在推特上说："我们能不能花点时间来向最好的列车服务提供商表示感谢！"维珍列车的一位发言人继续说道："这彰显了社交媒体的真正力量，希望这能给其他企业带来一点启发，让它们在推特上活跃起来，并开始与客户互动。在维珍列车公司，我们努力快速地回应我们的客户，以确保他们能得到需要的信息或帮助——不管是什么要求！我们认识到，我们和客户都是有情绪、有感觉的人，如果我们能照亮顾客的旅程，并在途中表现出一点幽默感，那就更好了。在看到他（我们的乘客）遭遇危机之时，我们帮助他解决了问题。事实上，这是个很大胆的尝试。"

这是一个很好的例子，它描述了维珍列车是如何将负面评论扭转为正面评论，并且形成病毒性传播的。这个故事被刊登在《每日邮报》(*Daily Mail*)上。经常上网查看评论的企业可能会发现，性格内向的客户不在少数，在网上投诉是他们能想到的最容易的抱怨方式了。他们可能会找到一大群素未谋面的客户，和大家一起吐槽，以此来直接建立与企业之间的沟通。

我很喜欢这样一个比喻：在今时今日拒绝让信息传达到你那里，就相当于早期的美国原住民拒绝俯耳贴地，不肯倾听远方传来的马蹄声。耳边传来的到底是隆隆的声响还是沉默无声，能为我们下一步的行动提供宝贵的线索，没有人会想切断这一信息来源。

建立信心

虽然在网上匿名为组织辩护或试图以某种方式来影响市场，这种想法非常诱人，但你想都不要想。虚假评论是非法行为，而且也违反了所有商业评论网站的服务条款。如果被抓到，后果可能是灾难性的。你的企业会被贴上可疑审查活动标志，企业的上市计划也可能被暂停。在美国，你还可能被联邦贸易委员会（Federal Trade Commission）处以巨额罚款。从这个意义上说，这与做假账来掩盖难看的账目并无二致。

全食超市（Whole Foods）的首席执行官约翰·麦基（John

Mackey）以"Rahodeb"〔他妻子的名字黛博拉（Deborah）的变位词〕为名发布了一份声明，震惊了整个食品公司。他赞扬了全食超市，同时贬低了竞争对手野生燕麦（Wild Oats）——一家全食超市试图收购的有机杂货店。这是一个漫长而复杂的故事，但它给我们提供的教训仍然是——别这么做。

任何有可能破坏你已经建立起来的、有价值的组织声誉的事情，都是非常危险的。具体来说，这意味着要让员工在网上搜寻关于组织的差评，然后写一些好评，但绝口不提这些好评根本就是自己人刷出来的。这可不是什么好主意。如果在某些时候，这些员工心怀不满地离开，他们就可能会对外宣称，自己受人胁迫，不得不用好评来替代那些真实的差评。而这正是新闻记者最喜闻乐见的事情。

网络世界里的对话是持续的。如果有人当着你的面撒谎，那可不好。任何假装或捏造的暗示都无法建立起信心，即便是在互联网上，这么做也是错误的，而且这些对话可能会在互联网上被保留多年。但最严酷的一个现实是，到了某些时候，真相终会浮出水面。

■ 进行对话

要回应不满的顾客，最有效的方法之一就是与之进行坦诚的对话。你可以在自己的网站或互联网平台上开展这种对话。在线投诉如果能处理得当，应该能够增加人们对企业处理服务故障能力的信心。记住，投诉是礼物，因为它们能帮助我们进步。

谷歌、Capterra❶、G2 和苹果应用商店上的用户可以对网站建设者开发的博客功能的使用难易程度进行评级。2021 年11 月下旬，提供这些服务的顶级网站设计师还不鼓励在网上回复所有的差评。他们建议企业让写投诉的人直接与公司联系，以便进行真正深入的对话。如果客户联系上了设计者，而他们的问题也得到了解决，他们就可能会继续使用该设计师的产品。有关网络评论的现实之一是，只有办事能力很强的人才会去发表评论。这会迫使所有的网页设计师都去关注竞争对手，并看到用户的需求。选购网站应用企业的潜在客户也可能会去阅读有关最知名网站建设者的信息，并与他们展开对话。

在真正的对话中，客户可以通过发博客、到评论区发帖，或是去其他旨在创设电子数据讨论环境的网站上写文章，像口头投诉一样提醒企业应注意问题。如果你把客户引导到一

---

❶ 一个企业软件和供应商的在线目录，可以搜索、比较并选择合适的软件。——编者注

个网站，却不展开真正的对话，你就会失去可信度。这和客户亲自向公司提问是一样的："你们为什么不……？"他们现在在互联网上也是这样做的，只不过在网上，这种对话能被成千上万的人看到。

要将流量引导到有限的若干区域，而不是分散到难以监测的四面八方，有一个办法就是在网站上公布一个有影响力的博客。从事公众沟通现象研究的博主鼓励大家不要把博客当成一种公关活动或是营销活动。要与公众进行对话，就像在某处与客户进行现场交流一样——这与迅速而激烈的那种现场投诉没有什么不同。这就要求客服人员调整自己的言论（针对他们正在谈论的内容说话）：要具体（仔细倾听，以便你能捕捉他们的问题）；要迅速——"我会为你提供帮助或我会尽快回复你"。

口碑营销协会（The Word of Mouth Marketing Association）发现，78% 的博主说他们会读博客，31% 的人认为博客是可信的地方，可以在评论区与博主进行交流。微软（Microsoft）前经理亚历克·桑德斯（Alec Saunders）给出了这样的建议："天哪，伙计们！控制一下！要搞清楚怎么处理博客，并不需要你去建立一个舒适的小俱乐部。你只要上网与客户和支持者交谈，并且跳脱出与 20 世纪那种命令和控制式的营销方式，只要与人互动就行了。"

确保客户在访问你的网站时感到轻松。确保你所有的客服代表都会花时间来研究公司网站，这样他们就能全面了解客户的困扰和兴奋点。确保网站的每一页上都有电话号码（如果想让别人给你打电话的话）。没有什么比阅读完一大堆信息，看到企业不停表达着有多希望与客户之间建立沟通，结果却要花费大量时间去寻找电话号码更令人讨厌的了。记住，"礼物公式"的第二部分就是解决问题或改进你的服务。

此外，要把提供反馈的入口设置在客户容易找到的地方。有些网站可能是害怕投诉风暴，所以隐藏了自己的反馈页面。它们也不把这些问题叫作"投诉"，而是将其称为"客户服务管理""账目核对"，甚至是"信息热线"。凯斯西储大学（Case Western Reserve University）的贾迪普·辛格认为，如果消费者想投诉，他们应该很清楚要去哪里进行投诉。我同意这个观点。

让"客户服务管理"部门来处理投诉，是吸引不到那些对该市场并不熟悉的客户的。一些网站会使用词语组合来描述投诉事件，如投诉、赞美、复杂、挑战或困惑。这样的词汇组合会让顾客在投诉的同时也产生困惑或挑战的感觉。客服人员要时刻提醒自己，客户其实并不喜欢把自己看作投诉者。如果他们愿意，要允许他们以别的方式来称呼自己，同时，要给他们机会送你礼物。

✎ **讨论提示**

怎么做才能使客户更加简易地通过网站联系我们？

如果有人想在我们的网站上留言，而该页面无法正常运行，组织中每个人是否都知道该如何去引导他们？

我们如何更好地利用我们的网络形象来最大限度地扩大与客户的联系？

💬 **核心信息**

有必要持续检查网上关于你所在组织的言论。

如果你能快速、亲自做出回应，并说明你将如何处理某一特定情况，就能将损害降到最低。

在网络回应中保持客观能令网络读者对你保持信心。

要与在你的网站上发帖的人进行对话，而不是给出生硬的回应，这很重要。

客服代表要花时间来研究自己企业的网站，这样他们就能全面了解客户的困扰和兴奋点。

确保反馈入口能被轻松找到。

第十一章

在投诉时
送出礼物

在新冠疫情期间，苏格兰面临着世界上许多国家和地区都面临的问题——投诉的客户威胁，甚至殴打基层工作人员。作为回应，苏格兰公共服务申诉专员为激进的投诉处理者们提供了包括报警和指控这些客户违法在内的各种建议。

申诉专员的建议几乎像是在恳求每个人重返过去的美好时光，保持以人为本的文明态度，即使面对的是潜在的危险客户。但相比于一些客户在疫情期间的实际作为，这一建议显得相当古怪。申诉专员建议投诉处理者以尊重和善意的态度倾听，不要给客户贴上"无理取闹"的标签，也不要评判他们的行为。因为客户来的时候可能很不开心，压力很大，所以建议投诉处理者谅解对方的负面行为，即使这种感觉让人讨厌。申诉专员鼓励员工与客户"积极相处"，这并不是什么坏建议，这种建议使人怀念过去的日子，那时客户对工作人员的态度大都是和蔼可亲的，他们会感恩商店开门营业，货架上存货充足，而服务人员也足以满足他们的需求。

伙伴关系需要双向奔赴。我们已经讨论过客服代表的责任，即要为客户问题寻求满意的解决方案——但客户自己也要发挥作用。如果客户想要一个可接受的方案来解决他们的问题，他们最好能管理好自己的行为，当别人试图提供帮助的时候，不要拒人于千里之外。投诉处理者在如何对待和补偿投诉客户方面有很大的权力，如果客户指望通过攻击客服代表来获得期望中的结果，可并不总能如愿。约翰·古德曼在客户服务方面的研究数量是全球最多的，他也是《战略客户服务》（*Strategic Customer Service*）一书的作者，他说大多数客服代表来上班的时候都是希望能把工作做好的。据他估计，投诉处理者的态度或过失会导致 20% 的客户对投诉处理结果不满。这是个惊人的数据，但它是客观存在的。

没有简单的解决办法。我们不能仅靠客服代表来阻止客户去做许多人都在做的事情：与那些以帮助他们为己任的人为敌。可能有多达 1/3 的客户都很难接受客服代表所提供的帮助。想想看，那可是 1/3 的客户啊！

客服代表必须积极主动，首先要让不安的客户知道自己是站在他们这一边的，即使他们充满敌意，话中带刺。关于这点我们已经介绍过，本书中所给出的策略和技术是能帮上忙的。当然，作为一个服务提供者，如果你觉得有人可能会爆发，并对他人的人身安全造成威胁，那么你就要去寻求帮助。这一点我们已经说过太多次了。

但是，除了要在投诉失控之前管理它，我们也需要为自己在投诉时的行为负责。如果你认为客户有权以他们想要的方式行事，因为他们是"顾客"，那么这条信息对你就不适用，因为它会与你的信念产生冲突。但是，如果你想做一个好的投诉者，而不是一个只会发泄情绪，无法实现自己意图的人，那么你还是可以做些事情的。

▣ 与投诉处理者打交道

如果投诉者和投诉处理者之间想要友好地交流，就需要双方都明白发生了什么事情：客户没有得到他们认为自己买了或是应得的东西。客服代表和情绪化的客户打了一整天的交道，精神已经处于崩溃的边缘了，但他们还是希望能够提供帮助。有时他们得到的授权或信息不够，使得他们没法妥善处理投诉，但他们并不想让客户痛苦，他们中的绝大多数人都想和客户搞好关系。这里有一个内在欲望的镜像：客户想要补救，而服务提供者想要提供帮助。问题是如何让对方看到自己想要做什么，这样交易就能达成，双方就都能得到自己想要的。

可以说，最有效的"送礼"方法之一就是将客户与客服代表的关系看成一张维恩图（Venn diagram），见图11-1。在维恩图中，我们用圆圈来表示至少两个群体之间的关系，一个圈代表客户，另一个圈是客服代表。而两个圈之间的交集，就是这两个群体之间的联系。

图 11-1　维恩图

在投诉处理人员与客户的关系中，客户对已发生或未发生的事情感到不满，处理投诉是客服代表的职责。客户说："请帮帮我。"客服代表回答说："谢谢，请帮助我帮助你。"这就是这种相互交织的关系的内容。客服代表不需要知道客户生活的一切，就像客户不需要知道客服代表所受到的一切限制一样。他们都可以专注于满足客户的需求，只要在这个交集里礼貌地进行互动，就可能产生令人满意的结果。

如果你是客户，向客服人员解释一下为什么你难以控制自己的情绪，这可能很有建设性意义。这就要求客户以平静的姿态去接近客服代表，进入维恩图中间相互关联的那个部分。例如，"如果我听起来很不高兴，我很抱歉，但那是因为我确实很不高兴。我没有生你的气。我对发生的事情 / 我买的东西 / 我面临的延误 / 这个产品这么快就坏了感到很难过"。

如果你和服务提供商之间的交流很不愉快，而你现在正准备和经理谈谈刚刚发生的事情，那么在和第二个人开始谈话之前，你最好先发泄一下自己的情绪，这样能使对方更好地倾听。

清楚地说明你的情绪反应和你不高兴的原因，不要夸大或威胁，要实事求是。最后说："而且，我真的需要你的帮助。我希望你能帮助我。"我无法预测未来会发生什么，但我知道表现出一种不那么具有威胁性的情绪状态，会在很大程度上帮你得到电话那头或你面前这位客服代表的帮助。

作为客户，另一种开局方式是说："我认为贵公司的能力远不止于此。我和你们做生意好几年了，我知道你们能做得更好，你们的质量标准很高。但不幸的是，这个问题（陈述这个问题）发生了，我需要你的帮助。"站在客户的角度上，你能看得出投诉处理者其实也想把自己的工作做好吗？这种方法也许不能让客户得到自己想要的东西，但至少你们都是在维恩图的交集部分进行操作的。

想一想，作为客户，你在哪些情况下得到过帮助或是补偿？你做了什么？很可能你并没有发怒或指责为你处理投诉的人。当受到指责时，人们很难不采取防御措施。也许客服代表的经验有限，或者没有读过像这样的书，并不知道如何应对不满的客户。而作为客户的你可以帮他们做到这一点，要向这些努力工作的人展示你的友善。如前所述，大多数投诉处理者在潜意识中都更愿意支持友善的客户，而不是那些对他们大喊大叫的人。而且客户也不觉得有必要因为自己的难缠而返回去向服务提供者道歉！他们只会自我感觉良好地从投诉处里走出来。

让我们用同样的原则和行为，看看我们从亲密友人、家人和爱人那里收到或发出的投诉或反馈。让我们也考虑一下我们从社区中各种各样的人那里收到的投诉。

处理个人投诉

我们经常会遇到个人投诉，尤其是当你对反馈有了更广泛的认识时。中间车道的司机可能会按喇叭告诉你："不要变道。我知道如果你不回到自己的车道上，你就会撞到我的。"注意一下环境对我们的"投诉"有多频繁。我们可以把这些投诉当作礼物，以此来帮助我们保持安全，或者在我们即将做一些社会所不容的事情时发出提醒。

如果你看过奥运会，尤其是冬奥会，你会发现，如果运动员想将赢得奖牌的机会提升到 50% 以上，他们就需要接受持续不断的复杂动作指导。你会看到教练们就跟在滑冰运动员旁边，在他们耳边低语。教练会做手势，让他们知道如何更好地倾斜头部、摆放手臂、扭转身体，以及其他几十个动作。在滑冰比赛中，教练会与运动员同行，不断给他们建议和激励，直到运动员踏上冰面。这些滑冰运动员可能已经和他们的教练一起训练了多年，这样的配合看起来永无止境。这就和客户给企业反馈，希望组织能有所作为是一样的。你可以把教练的话语想象为成千上万的"投诉意见"。如果滑冰运动员不接受反馈并采取措施，他们也不会有进步。

当有人给你反馈或投诉时，你可以选择接受它，从中学习，然后准备好接受下一个建议。世界是一个巨大的反馈熔炉，它希望我们因为倾听而不断进步。当然，我们也没必要接受所有的反馈。但如果我们敞开心扉，倾听反馈，然后审慎地应用它，就有可能看到持续的戏剧性改善。最重要的是，我们可能会在这个过程中脱敏，并且不再被这种无休止的反馈所激怒。

同样的事情也发生在我们的个人亲密关系之中。如果当别人给我们意见时我们不是敬而远之，而是能客观看待，那么这种反馈就能让我们与他人保持亲密关系。在思考有问题的人际关系时，维恩图就变得特别有用。想想吉莉安·劳布（Gillian Laub），她是一位出色的故事讲述者，也是她自己家庭生活的摄影师。劳布让她的读者从一个非常个人化的层面上去了解她的家庭经历——毫无保留。这种"不保留"既包括家庭中的混乱不堪，也包括了大量包围这种不堪的安慰与爱。

21 世纪头十几二十年中发生的政治冲突将劳布家的家庭冲突推向了高潮。她的父母支持某个政党，但其领导人却消耗了他们的信任。而劳布则是反对派的狂热拥护者。也许你和你的家人或朋友也曾有过这样的经历，许多家庭都会因为彼此的政治选择相左而分离。

全球各地的人都知道，当人们面对截然不同的政治观点时，要维持一段关系，有时需要的就不仅仅是爱。劳布家族的某些成员无法就其核心政治观点达成一致，疫情与政治使这个亲密的家庭分崩离析。除非他们能学会在不争吵也不放弃自己政治观点的情况下与对方和平相处，否则这种痛苦对所有家庭成员来说就都是毁灭性的。

将维恩图应用于家庭冲突，你可以看到这个模型是如何帮助像劳布这样的家庭的。其中一个外圈是劳布和她的丈夫，另一个外圈是她的父母、姑姑和其他持有相反政见的成员，双方都需要在两个圈子之外保持自己的政治观点。而在这两个圈子的交集之中，存有整个家族共享的历史、关怀与爱。和平共处需要每个人的努力。劳布的丈夫只能不断提醒他的摄影师妻子：保持与家人的关系并不意味着她要认可他们的政治信仰。

这是一个很好的隐喻，它适用于任何存在冲突的关系。

同理，要发展双方都满意的业务关系，并不需要我们与客户成为最好的朋友。我们不必赞同他们的购买决策，也不必因为他们使用了污言秽语而心存厌恶。但是，倘若我们默许彼此间的分歧去破坏个人关系，我们就会失去很多。你无须向这些"教练"付费，他们会免费提供服务，你完全有自由选择是否要接受他们的建议。我们也不必因为他们为我们提供了指导而希望我们对他们退避三舍。

在处理客户或其他人的投诉时，也会发生同样的事情。客户不是我们的家庭成员，我们没有和他们一起长大。但基于共同的文化，我们还是可以了解对方。为了不爆发部落战争，任何国家的公民都必须共享一个有一定凝聚力的社群。我们可以将自己与同胞和家庭成员分割开来，也可以寻找联系将彼此团结在一起。同理心会帮助我们找到结合的纽带，而这些纽带能使家庭成员之间更加亲密。

虽然本书的主旨是商业应用，但我也希望你能在阅读的过程中了解如何将它运用到自己的个人生活中。当客户投诉时，我们可以贬低他们，因为他们要求帮助的方式十分消极；或者我们也可以专注于我们想要维持的关系。这种处理反馈的方法就类似于把另一个人视为伙伴，而我们希望保持与这个伙伴之间的关系。因为关系是家庭的构成要素，它将反馈视为一份礼物。

有些人会在参加我的研讨会或演讲的几周后或几月后给我发来消息。对方说，他们把我的话记在心里，并与家人开诚布公地谈了谈，其中一些人甚至几近弥留之时才能对家人敞开心扉。他们说，这并不容易，但他们已经学会了接纳家庭成员与自己之间的意见冲突，并把它放在维恩图的外圈里。如果他们无法容忍某些事情，他们也能意识到这不能代表彼此关系的全貌。当涉及反馈时，他们不会因为这个人的反馈方式令自己不悦，而觉得需要通过停止沟通来惩罚对方。是的，在很多情况下，他们仍然会感到失望，但他们已经学会了在受到批评或攻击的时候说"谢谢"。他们意识到这种反馈或辱骂可能会掩盖他们终将释放出来的一些更为深刻的情绪。

如果相爱的人永远不必经历这样的痛苦，那会更好吗？答案是肯定的。但是，倘若痛苦已经发生了，他们要如何才能专注于彼此对爱的共识，而不是让相互间的分歧或破坏性行为成为关系的全部？其中一个方法是，在人们用反馈意见攻击你时，去感谢他们。看看你是否可以走开一会儿，再回来感谢他们让你知道了他们的感受，对你与那个人或家庭成员关系的核心内容心存感激。你不必把所有的时间都花在那些难缠的人身上，但为了培养家庭成员间的感情，或许去维系那么一丝丝的联系也是有价值的。

我希望你能用这些材料来帮助你处理所有的人际关系。如果要把反馈看作是一种礼物，那么就必须要首先相信它确实是一份礼物。它始于感激——感激存在于你的生活中的人，感激你与他们之间的关系，感激你有能力在面对冲突时保持这些关系。

✎ 核心信息

任何组织里的每一个人都有内部客户，这些内部客户和付费客户一样都有不满。我们需要去学习如何处理内部投诉，就像我们要学习如何处理普通客户投诉一样。

维恩图划定的是人与人之间的交集。它可以帮助我们处理可能会导致关系破裂的严重冲突。

不必仅因为我们不同意他人的观点就非要去验证他们的信念是否正确。我们可以专注于彼此的连接点。

💬 讨论提示

你组织中的人是否会利用彼此的反馈来发展自己？这一点是如何体现的？你怎样才能鼓励内部反馈？

因为不习惯处理个人批评所导致的员工冲突会消耗他们多少精力？

你的组织文化支持员工道歉吗？

你能否从接受个人生活中的反馈学习，从而积极地影响你与投诉客户合作的方式？

后记

自上而下的
下一步

投诉处理是一个巨大的课题。当然，这本书并没有涵盖所有的内容，但这些东西就足以让你忙上很长一段时间了。对我来说确实是这样。关键问题是，你如何开始？从哪里开始？你不可能什么都做。如果你在阅读本书的印刷版或电子版的时候，能用荧光笔做些记号，或者将电子书中的重点部分高亮标注出来，你或许会看到一条可以遵照执行的途径。也许你会觉得自己也可以在组织中这么做，如果你有了这种想法，那就已经成功了一半，因为你已经具备了一种思维模式，即你是可以改进投诉处理工作的。

你的下一步行动计划将部分取决于你在组织中的角色。个人可能会更关心如何应对投诉客户；管理者希望鼓励他们的客服代表去实践最佳的投诉处理技巧；组织的领导者应该考虑创建一张服务恢复地图。我会在下面简要介绍这一点。

个人的下一步

你可以自行决定要如何开始实施本书中的观点。前三章讲的是理解投诉，为什么我们得到的投诉如此之少，以及为什么投诉是礼物。这些章节将为你坚定处理投诉的信念和培养相关的心态打下坚实的基础。

本书对"投诉是礼物"这一思维模式进行了深入的阐述。仔细阅读第四章，你会了解到"礼物公式"，这是本书的一个核心重点。一旦养成了经常感谢客户为你提供反馈的习惯，本书的内容也就被你内化于心了。

你的下一步应该侧重于在各种情况下使用"礼物公式"，并将其发挥到极致。这包括应对怒气冲冲且咄咄逼人的客户。在尝试若干应对愤怒客户的最佳技巧后，第八章还向你展示了要如何培养坚忍不拔的心理素质，以避免自己在处理投诉时情绪受挫。第九章和第十章关注的是网络客户投诉。虽然个人可能尚无能力去制定有关网络客户投诉的政策，但看到了互联网是如何改变投诉的世界，仍然会对你有一些帮助。最后，第十一章探讨了如何在投诉时送出礼物。

维多利亚·霍尔茨和我还写了《投诉是礼物实践手册》一书，我们在混合学习包中给出了 101 项活动，力求使本书更加完善。你可以把它当作有关本书主题的个人实践手册，也可以把它作为配合培训项目的实践手册来使用，任何人都可以用《投诉是礼物实践手册》作为课程材料来制订一份完整的培训计划。两本书的内容有一些重叠，但基本上《投诉是礼物实践手册》更侧重如何处理投诉。投诉会涉及情商，而这一素质必须在与客户的每一次独特交流中得到应用。有了关于投诉的既定思维模式，你就能体会到投诉处理这一事件的复杂性质，以及为何要求我们对其情感方面具备广泛的了解。事实上，你对投诉处理了解得越多，其复杂性就展露得越明显。这是需要终身学习的内容，因为心理学家对人类互动的理解是在不断加深的。这种持续的学习就是个人在投诉处理方面要做的下一步。

■ 客服代表团队及其管理者的下一步

研究者使用大数据作为研究工具后，有了大量的发现。这种数据分析方式很可能会成为未来重要的一种研究方法。它肯定会揭示出某些我们以前不知道的有关客户行为的细节。它会告诉我们什么才是投诉处理者的最佳回应方式，这将使我们在与客户互动时深入了解什么方法最为适当，最能保持他们的忠诚度。

关于最近的研究和客户的评论，也有大量的信息可加以利用。这些信息对经常负责回应网络客户投诉和评论的管理者很有帮助。管理团队要密切关注互联网上的事态变化。经理（或助理）需要分配时间去研究内部信息，因为这种研究不该被忽视。在未来几年里，管理者要谨慎规划自己的时间。

在每一章结束后，与你的小组成员讨论该章节的核心内容和提示问题。我建议客服代表小组聚在一起探讨投诉问题的时候看一下《投诉是礼物实践手册》。这本实践手册包含了足足 101 个活动，足够客服代表团队在很长一段时间内不断地进行学习。这本实践手册是为那些从事具有挑战性工作的人编写的，这些工作包括处理客户的投诉，解决客户的问题，让他们满意而归——甚至是尽兴而归！这本实践手册也可以作为管理人员或培训专家在组织内授课的培训工具。

整个组织的下一步

如果能让组织中的每个人都接受"投诉是礼物"的核心思维模式，那么其他想法将帮助你在操作层面上实现这一目标。如果团队成员对像礼物一样的投诉抱有兴趣，那就把他们召集在一起，让他们开始投入对这一思维模式的学习中去。

你和同事如何看待投诉的客户？你知道在他们投诉时如何与之互动最为理想，以便他们在离开时能对自己和你的业务抱有积极想法，并希望继续与你合作吗？这就是本书的全部内容。简而言之，它关系到你和整个组织的同事对投诉的不同方面所持有的心态。将投诉当作礼物的这种思维模式可以成为整个组织的撒手锏。然后，组织就会形成一种支持与客户互动的文化，这样一来，当客户投诉时，每个人都会知道应当如何处理这种情况，如何让不满的客户在情感上感到满意。

想要有效地处理投诉，首先要认识到，企业的存在离不开客户。客户可以在遇到问题、觉得自己受到了无礼对待，又或是感到不满意后选择是否要继续与你合作。他们对企业的评价，以及他们是否愿意再来，取决于他们因为我们未能实现营销承诺而感到不安或气馁之后会受到怎样的对待。

组织还可以精心绘制一套服务恢复流程来帮助整个组织。一旦战略制定高级团队绘制出了这套方法，你就需要采取以下步骤来实施它：

- 掌握更现实和可用的客户反馈指标。
- 调整业务结构，使其更加以客户为中心。
- 适当授予一线员工应对客户和恢复服务的权限，这样当问题出现时，客户更有可能保持忠诚。
- 将客户反馈整合到业务流程中，将客户视为伙伴，与之一同工作。

你越是能创造一种支持"投诉是礼物"的文化，就越能听到投诉，解决客户的问题，进而留住他们。这样你就不必大费周章地去争取新客户，反而可以专注于照顾现有客户。这些客户更愿意相信你会兑现营销承诺，你将得到更多的反馈，进一步证明你与客户之间的伙伴关系。

处理投诉的能力始于对反馈的理解——反馈不是一种需要害怕的东西。相反，它是你能从市场上得到的最大礼物。是的，当我们为别人做了什么时，我们都希望得到他们的感谢。这些话可以让充满挑战的一天变得美好。但我们从中看到的最具价值的行为，是当客户告诉我们某些东西不适合他们时，他们仍愿意回来，并且很高兴再次与我们相见。

致 谢

克劳斯·穆勒（Claus Møller）是一个有远见的人。他展望 21 世纪，提出了管理、服务、生产力和领导力的概念，一直以来，这些概念都被全球各地与他共事的数百名顾问和培训师以及他们帮助过的数千名客户所学习和使用。

"投诉是礼物"的思维模式就是这样一个例子。它最初被穆勒作为服务理念的一部分引入，之后扩展为一个独立的想法。1996 年，贾内尔·巴洛和克劳斯·穆勒合著的《投诉是礼物》一书一经出版，这个思维模式就在全球范围内迅速传播开来。这本书在 2008 年再版，因为人们对这一思维模式所能产生的力量依然有很高的需求。本书则在前面两个版本的基础上由贾内尔增加了符合时代发展的新内容。

穆勒还提出了"以人为本""个人素质""员工制"和"素质的人性化"等概念。他在情商、质量管理、服务质量和生产力等领域的思想发展方面作出了重大贡献。他开创并发展的时间管理器计划工具和生产力原则，远远领先于其所处的时代。他总是与客户以及他的国际咨询和培训伙伴密切合作，不断突破他的所有革命性想法的极限。

穆勒是丹麦人，毕业于哥本哈根商学院（Copenhagen Business School），获得了市场营销硕士学位，并于 1975 年创建了世界上最成功的人力资源培训咨询公司之一——TMI 公司。2003 年卖掉公司后，他创立了克劳斯·穆勒咨询公司（Claus Møller Consulting），继续提供咨询、研讨会、在线课程和相关工具等资源。

穆勒是一位才华横溢、鼓舞人心的演说家，他也曾写过几本畅销书。他的书被翻译成超过 25 种语言，销量超 300 万册。

穆勒于 2018 年与世长辞，但他的服务理念永存，正如你正在阅读的这本书所证明的那样。